GRAND LODGE

OF

Free and Accepted Masons of Ireland.

ROLL OF HONOUR,
1914=1919.

ROLL OF HONOUR.

THE FOLLOWING IS A LIST OF MEMBERS OF THE ORDER WHO SERVED IN THE NAVY, ARMY AND AIR FORCE DURING THE GREAT WAR.

ROLL OF HONOUR.

THE GRAND MASTER'S LODGE, DUBLIN.

BLAKE, CECIL B.,	Major, R.F.A.
DAY, A. G. FITZROY,	Major, Somerset L.I.
DONOUGHMORE, THE RT. HON. THE EARL OF, K.P.,	Colonel. General List.
FALKNER, MERVYN W.,	Lieut.-Col., R.A.M.C.
FISHER, VICARS M.,	Capt., R.A.M.C.
FRANKS, KENDAL F.,	Capt., Indian Army.
GEORGE, WESTROPP R., M.B.E.,	Capt., R.E.
GORDON, T. E.,	Lieut.-Col., R.A.M C.
HEMPSEED, J. R.,	Lieut., S. Staff. Regt.
HUGHES-HUNTER, SIR W., B., Bart.,	Major, R. Welsh Fus.
MAUNSELL, R. C. B.,	Major, R.A.M.C.
MOORE, T. C. RUSSELL, O.B.E.,	Major, R.A.S.C.
OVEREND, GEORGE A.,	Capt., R.G.A.
PARSONS, ALFRED R.,	Lieut.-Col., R.A.M.C.
ROE, GEORGE T. C.,	Lieut., Graves Reg.
RUSSELL, JOHN J., C.B.,	Major-Genl., A.M.S.
SEBAG-MONTEFIORE, W., M.C.,	Capt., R.I. Lancers.
SHAW, SHULDHAM H.,	French Red Cross.
STUBBS, J. W. COTTER, D.S.O., M.C.,	Lieut.-Col., R.A.M C.
SWIFTE, E. G. MEADE,	Major, Tank Corps.
TATE, ROBT. W., C.B.E.,	Major, D.U.O.T.C.
TAYLOR, WILLIAM, C.B.,	Col., Army Medical Staff.
WEBBER, O. T. O'K.,	Major, R.E.
WHEELER, R. C. de C.,	Capt., R.A.M.C.
WICKLOW, THE RT. HON. THE EARL OF,	Major, S.I.H.
WILSON, DANIEL M.,	Capt., R. Innis. Fus.
WILSON, P. LEA	Capt., R.I. Regt.

* Killed, Missing or Died.   † Wounded or Gassed.

ROLL OF HONOUR.

LODGE 1, CORK.

ALCOCK, H.,	Capt., R.A.M.C.
ALLEN, G.,	Capt., R.F.C.
COGHILL, M. N. P. S.,	Lieut., R.F.A.
CREAGH, J.,	Col., R.M.F.
CROOKE-LAWLESS, SIR W., C.B., C.I.E., C.B.E.,	Col., R.A.M.C.
DAVIS, W. H.,	Lieut. Comdr., R.N.
DORMAN, H. CHUDLEIGH,	Lieut., R.E.
FRENCH, REV. A. E. P.,	C.F.
GIBSON, F. M. S.,	Major, Conn. Rangers.
GREGG, R. H., D.S.O., M.C.,	Major, R.F.
HALL, D. P.,	Lieut., R.M.F.
HARRISON, J. J.,	Lieut. Comdr., R.N.
HUTCHINS, S., D.S.O.,	Major, R.A.S.C.
LANE, P. A.,	Lieut., R.A.S.C.
LITTON, M. W., O.B.E.,	Major, R.I.R.
MACMANAWAY, REV. J. J.,	C.F.
NEWMAN, R. E. N., M.C.,	Lt.-Col., R.A.M.C.
NEWENHAM, P. W.,	Capt., R.M.F.
NOBLETT, L. H.,	Lt.-Col., R.I.R.
ORCHARD, C. H.,	Lieut., Lincoln Regt.
OUGHTERSON, J. C.,	Col., R.A.S.C.
PEARSON, C. B.,	Capt., R.A.M.C.
PHILLIPS, F. J.,	Major, I. Recr. Service.
PIKE, HUBERT,	
ROYSE, REV. T. H. F. R., M.C.,	C.F.
SARGENT, J. J.,	Lt. Comr., R.N.
SIMEY, A. J. D.,	Capt., R.A.S.C.
STOPFORD, J. W.,	Col. R.M.F.
TICHBORNE, REV. E. A.,	C.F.
TINSLEY, W.,	Lieut., I.A.R.O.
TIVY, G. L.,	Capt., R.F.A.
WINDER, J. H. R., D.S.O.,	Col. R.A.M.C.

* Killed, Missing or Died.   † Wounded or Gassed.

ROLL OF HONOUR.

LODGE 2, DUBLIN.

BURNE, ARTHUR H.,   R.G.A.
*SANDERSON WM. H.,
SHARMAN-CRAWFORD,
          C.B.E., Colonel.

LODGE 3, CORK.

*BASSETT, R. J.,	Lieut., R.A.M.C.
*BRUNICE, HAROLD E.,	Lieut., R.M.L.I.
CALVERT, THOMAS, M.C.,	Capt., Black Watch.
EVANS, L. N. B., M.M.,	Canadians.
HERON, W. H.,	Lieut., Scottish Rifles.
JACKSON, J. H.,	Corporal, O.T.C.
*JOHNSON, JOHN J.,	Corporal, R.F.
McKECHNIE, J. W.,	R.A.S.C., M.T.
MARK, C. E.,	Capt., R.F.A.
MARK, J. M.,	Lieut., R.N.
MASON, T. W. M.,	Lieut., R.D.F.
STOKER, D. S.,	Capt., R.F.A.
YOUNG, D. E.,	Lieut., R.A.M.C.

LODGE 4, DUBLIN.

HEWAT, WILLIAM E.,   Lieut. E. Yorks Regt.
HUTCHINSON, REV. S.,
          M.C., C.F.
McCORMICK, J. ERIC,   Capt., Leinster Regt.
McKEAN, NORMAN D.,

LODGE 5, WATERFORD.

ANDERSON, SIR FRAS. J.,
    K.B.E., C.B.,   Brig.-Gen., Genl. Staff.
ANKETELL-JONES, S.,   Capt., R.A.S.C.
*BASSETT, WILLIAM F.,   Lieut., Royal Scots.
BLEE, HARRY C.,   Capt., R.E.

* Killed, Missing or Died.   † Wounded or Gassed.

ROLL OF HONOUR.

LODGE 5, WATERFORD—contd.

BOR, NORMAN L.,	Capt., C.R.
DAVIS-GOFF, SIR H. W.,	Capt., R.A.S.C.
HALL, DAVID P.,	Capt., R.M.F.
HAMMOND, JOHN R.,	Lieut., R.A.S.C.
IRWIN, FRED. J. ROBERTS,	Capt., Devon Regt.
JONES, HUGH J.,	Capt., S.I.H.
MACKERY, OSWALD,	Private Sth. Africans.
PEARE, WILLIAM F.,	Captain. Mentioned.
† RUSSELL, N. H. C., D.S.O.,	Major, Leinster Regt.
TORRIE, WILLIAM J. I.,	Lieut., R.N.V.R.
WALKER, ALEX. R.,	Major, R.E.
WALKER, ANDREW E.,	Lieut., R.I.R.

LODGE 7, BELFAST.

BELL, NICHOLAS G.,	Capt., Indian Army.
BROWN, GEORGE B.,	Sub. Lieut., R.N.V.R.
BROWN, HERBERT,	Lieut., R.N.V.R.
CUNNINGHAM, H. H. B.,	Lieut.-Col., R.A.M.C.
HILL, ROWLAND,	Capt., R.A.M.C.
* LEMON, ARCHIE D.,	Lieut., R.I.R.
LEMON, JOHN W.,	Lieut.
NELSON, M. K.,	Lieut., R.A.M.C.
PATTERSON, EDWARD F.,	Sub. Lieut., R.N.V.R.
ROGERS, A. LESLIE,	Major, R.F.A.
STEPHENS, JOHN K.,	Capt., R.E.
* TATE BERNARD C.,	Capt., R.I.R.
WILSON, JAMES O.,	Lieut., R.F.A.

LODGE 8, CORK.

BEAMISH, RICHD. de B.,	Major.
BROUGHAM, REV. R. H. V.,	C.F.
BROWN, REV. PEARCE C.,	C.F.
BUTLER, JOHN W.,	Lieut., Black Watch.
O'MALLEY, REV. J. J. E.,	C.F.

* Killed, Missing or Died.   † Wounded or Gassed.

ROLL OF HONOUR.

LODGE 9, DUNGANNON.

* AUCHINLECK, DANL. G. H.,	Capt., R. Innis. Fus.
† BENNET, JOHN L.,	Captain, R.IF.
CARSON, FRANCIS S., M.C.,	Major, R.A.M.C.
*DICKSON, WILLIAM T.,	Capt., R. Innis. Fus.
† GREER, FRAS. E. G., M.M.,	Private, P.P.L.I.
GREER, HENRY,	Major, R.G.A.
GUNNING, JOHN E.,	Major, R.I.F.
† KELLY, DAVID H.,	Captain, R.I.R.
LLOYD, RICHARD A.,	Captain, L.S.R.
MANN, FREDERICK C.,	Lieut., R.A.M.C.
NEWTON, JOHN O.,	Lieut., P.P.L.I.
† SCOTT, VICTOR H.,	Major, R. Innis Fus.
SCOTT, R. H., D.S.O., O.B.E.,	Major, R. Innis Fus.
TWIGG, HENRY T. A.,	Lieut., R.E. (T.)
WILSON, THOMPSON F.,	Capt., R.A.M.C.

LODGE 10, BELFAST.

BERRY, ROBT. G. J.,	Colonel, R.A.S.C.
BLAKISTON-HOUSTON, JAMES E.,	Capt., Hussars.
BLAKISTON-HOUSTON, JOHN, D.S.O.,	Major, Hussars.
* BRUCE, GEORGE JAMES, D.S.O., M.C.	Major, R.I.R.
CHARLEY, ARTHUR F.,	Capt., R.I.R.
CHARLEY, HAROLD R.,	Colonel, R.I.R.
CHICHESTER, R. D. P.,	Lt.-Col. I.G. & R.I.R.
* COMBE, SAMUEL B.,	Capt., R.I.R.
CRAWFORD, ROBT. S.,	Brevet Lt.-Col. R.I.R.
DIXON, DANIEL,	Major, R.I.R.
DOBBS, ARTH. F.,	Capt., R.G.A.
DUFFIN, SAML. B., L. of H.,	Capt., R.I.F.
DUFFIN, CHAS. G., M.C.,	Major, R.F.A.
DUFFIN, JOHN T., M.C.,	Major, R.I.R. & Staff.
* EASTWOOD, WM.,	Major, R.I.R.

* Killed, Missing or Died.   † Wounded or Gassed.

ROLL OF HONOUR.

LODGE 10, BELFAST—contd.

EWART, G. V., O.B.E.,	Major, R.A.S.C.
*EWART, CECIL F. K.,	Lieut., R.I.R.
GRIMSHAW, A. R. N.,	Lieut., R.N.
HALL, FRANK,	Bt. Lt.-Col., Staff, W.O.
JOHNS, TYNDAL S.,	Capt., R.I.R.
KNOX, SAMUEL W.,	Capt., R.I.R.
*LYONS, WM. H. ST. J.,	Lieut.
McCREADY, WYCLIF,	Capt., R.A.M.C.
NOBLE, R. S. H.,	Lieut., R.I.R.
SHAFTESBURY. LORD, K.P., K.C.V.O.,	Brig.-General.
*SLACKE, CHARLES O.,	Capt., R.I.R.
SPARROW, JOS. J. K., M.C.,	Major, R.E.
STANLEY, R., L. of H.,	Major, R.E.
YOUNG, HYTTON W.,	Capt., R.I.F.

LODGE 11, BRAY.

ALCOCK, GEORGE A. C.,	Major.
ATKINSON, WM. H.,	Lieut.
BECKETT, OSBORNE,	Lieut.
MOORE, DR. B. H., M.B.,	
TAYLOR, DR. W., M.D.,	
TOOMEY, MARK A.	

LODGE 12, DUBLIN.

*CANE, MAURICE,	Lieut., R.F.A.
CLEMENTS, M. L. S.,	Col., K.R.R.
CONOLLY, EDWARD M., C.M.G.,	Col., R.H.A.
HAMILTON, EDWARD,	Major, R.D.F.
HEWSON, GEORGE,	Capt., R.I.R.
McCALMONT, D., M.C.,	Capt., Hussars.
MAXWELL, THE HON. H., D.S.O.,	Col., Black Watch.
SHAW, SIR F. W., Bart., D.S.O.,	Col., R.I. Regt.

* Killed, Missing or Died.   † Wounded or Gassed.

ROLL OF HONOUR.

LODGE 13, LIMERICK.

ARTHUR, CHARLES,	Capt., R.F.A
ATKINSON, REV. C. V.,	Capt., C.F.
BARRINGTON, SIR CHAS., Bart.,	Motor Ambulance.
BARRINGTON, J. B.,	Motor Ambulance.
DUDLEY, FLETCHER,	Capt., R.E.
FINCH, GEORGE,	Private, R. Innis. Fus.
FINCH, J.,	Major, Leinster Regt.
GLOSTER, GEORGE,	Lieut., R.I.R.
GRIFFEN, P. G.,	Major, R.F.A.
HUNT, E. D.,	Lieut., R.D.F.
HUNT, H. B.,	Lieut., R.N.R.
LLOYD, THOS.,	Lieut., R.A.S.C.
MURPHY, H.,	Major, R.A.S.C.
WEARING, DOUGLAS,	Capt., R.A.M.C.

LODGE 15, SKIBBEREEN.

LAWSON, WILFRED,	Q.M.S., Yorkshire Dgns.
LEONARD, PURDY,	R.N.
McCARTHY, GEORGE W.,	Corporal, R.A.S.C., M.T.
PURSEY, ALFRED EDWD.,	R.N.
ROBINS, ALFRED,	R.N.
SALTER, JOHN W.,	Lieut., R.I.R.
SHANNON, THOMAS,	Corporal, R.A.M.C.
SOUTHWOOD, ERNEST J.	R.N.
WALSH, THOS. DAVID,	C.P.O., R.N.
WOOD, JOHN A.,	Lieut., R.A.S.C., M.T.

LODGE 16, KILREA.

ADAMS, THOMAS, M.C.,	Captain.
ADAMS, DAVID C.,	Sergt. R. Innis. Fus. Mentioned.
BARRENS, ISAAC,	Private, K.R.R.

* Killed, Missing or Died.   † Wounded or Gassed.

ROLL OF HONOUR.

LODGE 16, KILREA—contd.

BURNSIDE, ROBT., M.M.,	L. Corpl., N.Z.F.
*FERGUSON, NATH.,	Sapper, R.E.
GREER, HUGH,	Gunner, R.G.A.
*HAZLETT, JOSEPH B.,	Private, N.Z. Forces.
HILL, Rev. WM. JOHN,	C.F.
HOGG, ARCHIBALD,	Private, Australians.
INNES, JAMES R.,	Corpl., Canadians.
McINTYRE, JOSEPH,	Rifleman, N.Z.
PAUL, JOHN, A.V.C.,	Captain.
RITCHIE, GEORGE,	Private, N.Z. Forces.

LODGE 17, VOWFERRY.

FERGUSON, GEO. R.,	Private.
McANUFF, ROBERT,	Private.
WILKINSON, HUGH,	Sergeant.

LODGE 18, NEWRY.

CAMPBELL, HUGH C.,	Lieut., R.N.R.
FISHER, J. ANNETTE, M.C.	King's Liverpool Regt.
KILMOREY, RT. HON. EARL OF,	Major, Life Guards.
PERFECT, HERBERT M.,	Capt., R.N.
RICHARDSON, JOHN H.	Major, Canadians.
RICHARDSON, GEO. H.,	Private, Canadians.
RICHARDSON, REV. J. O. A.	Capt., C.F.
SLATER, GEORGE,	Lieut., C.R.
*SMYTHE, GEO. B. J.,	Capt., R.I.R.
TAGGART, THOS. L.,	Capt., R.I.R.
VESEY, J. R. M.,	Capt., Suffolk Regt.

* Killed, Missing or Died.   † Wounded or Gassed.

ROLL OF HONOUR.

LODGE 20, SLIGO.

† ARDILL, J. R.,	Lieut., R. Sussex Regt.
CALDWELL, A. F. S., D.S.O.,	Lt.-Col., L.N.L. Regt.
HORNIDGE, G. M. P., M.C.,	Major, R.I.F.
† JACKSON, A. P.	Lieut., R.N.V.R.
LYNDON, G. H., M.C.,	Major, R. Innis. Fus.
† LYONS, A. C.,	Capt., R. Innis. Fus.
† NELSON, F. W.,	Capt., R.I.F.
* PARKE, W. H.,	Capt., C.R.
PERCEVAL, P. D.,	Capt., R.I. Regt.
THOROLD, H. D.,	Col., D. of W. Regt.
WILLIAMS, T. H.,	Capt., E. Lancs. Regt.

LODGE 21, BELFAST.

ADGEY, THOMAS,	Private, R.E.
CAMPBELL, JAMES,	Lieut.
COOPER, RALPH C.,	Lieut., R.N.
DAWSON, GEORGE L.,	Lieut.
DAWSON, ISAAC,	Lieut., Canadians.
HORSMAN, FREDK. W.,	Lieut., M.F.P.
JORDAN, WILLIAM,	Staff Q.M.S., R.I.F.
McCONNELL, ROBT. B.,	Lieut., R.I.R.
McCONNELL, SAMUEL B.,	Lieut., R.I.R.
RUSSELL, THOMAS,	Q.M.S., R.I.F.
SMITH, FRANK E.,	Sergeant.
WARING, SAMUEL, Junr.,	Lieut., R.I.R.
* WELBY, JOHN A.,	Capt., R.I.F.

LODGE 22, BELFAST.

* ALLAN, ERNEST,	E.R.A., R.N.
CATHCART, W.	Corpl., R.E.
CUNNIFFE, JAMES,	Sapper, R.E.
HENRY, ROBERT,	Private, R.I.R.
McBRIDE, SAMUEL,	E.R.A., R.N.R.

* Killed, Missing or Died.   † Wounded or Gassed.

ROLL OF HONOUR.

LODGE 23, NEWRY.

BRADY, ALLAN F.,	Sergt., Canadians.
DAVIDSON, CHARLES,	
HEATH, EDWARD,	Lieut., R.A.M.C.
HILL, SAMUEL,	Sergt., R.A.M.C.
*KNOX, JOHN, M.C.,	Lieut., R.I.R.
LEESON, WILLIAM C.,	Corporal, Canadians.
McALEER, JAMES M.,	S.M., R.A.M.C.
MANN, ALFRED HENRY,	A.C., R.N.A.S.
PACK, RICHD. T.,	S.M., R.A.M.C.
PATTON, ROBERT	Writer, R.N.
PRITCHARD, WILLIAM,	S.M., R.A.M.C.
SMARTT, HENRY W.,	Capt., R.A.M.C.

LODGE 24, LURGAN.

LONG, W. J.,	Sergeant, R.E.
McCOLLUMS, JOHN,	Sergt., R.I.R.

LODGE 25, DUBLIN.

ALEXANDER, THE HON. H. C., D.S.O.,	Captain.
ALLEN, G. L.,	Major.
ARNOTT, L. P.,	Major.
BAILLIE, G. M.,	Captain.
BATTERSBY, J.,	Lt.-Colonel.
BAYNTON, F. L.,	Lieut.
BEEVOR, W. C. C.M.G.,	Colonel.
BEWLEY, A. W., C.M.G.,	Colonel, R.A.M.C.
BRUCE, FORBES,	Major.
BURRIDGE, G.,	Major.
*CAMERON, EWEN H.,	Lieut.
CAMERON, EVAN,	Private.
CLARKE, T. H. M., C.M.G., D.S.O.,	Colonel.

* Killed, Missing or Died.   † Wounded or Gassed.

ROLL OF HONOUR.

LODGE 25, DUBLIN—contd.

COCHRANE, SIR E., Bart.,	Captain.
COCHRANE, SIR S., Bart.,	Captain.
COOPER, A. O.,	Captain, M.G.C.
COOPER, M. P. L.,	Capt., R. Innis Fus.
CRAWFORD, G. T., C.M.G.,	Lt.-Col., R.A.M.C.
CROKER, W. P.,	Capt., R.A.M.C.
D'ALTON, MELFORT,	Lieut.
DAVOREN, VESEY,	Major.
DOHERTY, J. W.,	Captain.
DOWDEN, R., M.D.,	Lieut.
† DOWNING, G.,	Brig.-General.
DUCROT, A.,	Captain.
DUFFEY, A. C.,	Major.
EVATT, E. G.,	Lt.-Colonel.
* GARDNER, G. H.,	Captain.
GEDDES, Rt. Hon. SIR A. C., K.C.B.,	Brig.-General.
GERRARD, E. L., C.M.G., D.S.O.,	Brig.-General.
GERRARD, J. D.,	Lieut.
* GERRARD, PERCY,	Captain.
GERRARD, T. M., O.B.E.,	Captain.
* GIBSON, B. D.,	Captain.
GOODMAN, H. R., D.S.O.,	Major.
† GORDON-DILL, J. M.,	Captain.
HALAHAN, J.,	Captain.
HARRISON, R. W.,	Lt.-Colonel.
HICKLEY, HOWARD H. J.,	Major.
HUMPHREYS, N. W.,	Major.
LAURIE, C. E., C.B., D.S.O.,	Brig.-General.
LEE, J. C. C., M.C.,	Captain.
LEVENTON, A.,	Lt.-Colonel.
LIVERSEDGE, S. C.,	Private.
MacDOUGALL, A. I., M.C.,	Major.
McCLINTOCK, A. G., D.S.O.,	Major.
* MADDICK, H.,	Captain.

* Killed, Missing or Died.   † Wounded or Gassed.

ROLL OF HONOUR.

LODGE 25, DUBLIN—contd.

MATTHEWS, H. W.,	Lieut.
MAWHINNY, R. J.,	Lt.-Colonel.
NUTTING, SIR H. S., Bart.,	Captain.
O'CALLAGHAN, R. G.,	Major.
O'CALLAGHAN, C.,	Captain.
† OULTON, C. C. C.,	Captain.
PHIPPS, H. C.,	Captain.
POWER, H. D.,	Lt.-Colonel.
ROGERS, D. L.,	Lt.-Colonel.
SHAFTESBURY, EARL OF, K.P., K.C.V.O.	Brig.-General.
SHAW, W., D.S.O.,	Major.
* SHERLOCK, C. G.,	Captain.
STANLEY, H. V.,	Captain.
STANLEY, R.,	Major.
* STRITCH, S.,	Captain.
TATE, G.,	Lt.-Colonel.
TYRRELL, G. C. M.,	Lt.-Colonel.
VALLANCE, VANE, M.C.,	Captain.
WALKER, REV. F. J.,	C.F.
WALTHAL, E. C., C.M.G.,	Brig.-General.
WILSON, CHAS. P.,	Major.
WILSON, H. B.,	Lieut.

LODGE 27, DUBLIN.

CRAWFORD, JOHN,	Lieut., O.T.C.
CROZIER, W. M.,	Lieut., R. Innis. Fus.
DALY, C. de H.	Major, R.A.M.C.
DICKINSON, CHARLES,	O.C., G.R.
DICKINSON, CYRIL,	Italian Red Cross.
DICKINSON, PAGE,	Major, R.A.S.C.
DOHERTY, J. WALKER,	Lieut., R.A.S.C.
DYAS, JOSEPH W.,	Sergeant, O.T.C.
FETHERSTONHAUGH F. E.,	Lieut., R.N.V.R.

* Killed, Missing or Died.   † Wounded or Gassed.

ROLL OF HONOUR.

LODGE 27, DUBLIN—contd.

GOULDING, W. LINGARD,	Capt., R.I.F.
HOLMES, HUGH O.,	Major R.F.A.
LAW, HORACE,	Major, R.A.M.C.
MONTGOMERY, T. H.,	Capt., R.A.S.C.
MURPHY, E. S.,	Sergeant.
NEWCOMEN, GEORGE A.,	B.R.C.S.
ORPEN, A. H. S.,	Lieut., R.A.S.C.
RICHEY, H. A.,	Capt., R. Innis. Fus.
SPARROW, FRANK,	Lieut, R.E.
SYMER, GEORGE B.,	Lieut., R.A.S.C.
TAYLOR, NATHANIEL	Capt., R.A.S.C.
WINTER, W.,	Major, R.A.M.C.

LODGE 28, ANTRIM.

ARMSTRONG, SAML. J.,	Sergeant, N.I.H.
BERESFORD, THOMAS,	Corporal, N.I.H.
BROWN, JOHN,	R.A.S.C.
COLHOUN, ANDREW L.,	Sergeant, N.I.H.
DEANE, EDWARD,	Sergeant, N.I.H.
† FIELD, ANDREW,	Corporal, R.I.R.
HEASLIP, RICHARD,	Sergeant, N.I.H.
HERON, ROBERT J.,	Lieut., N.I.H.
McFARLAND, JOHN,	Sergeant, N.I.H.
McFETRIDGE, THOMAS,	Lieut., R.A.M.C.
McWILLIAMS, ROBERT,	Corporal, R.A.S.C.
MISKIMMIN, HERBERT,	Lieut., N.I.H.
* MONTGOMERY, ALLAN,	Corporal, R.I.R.
RUSSELL, JAMES	Lieut., N.I.H.
SANDERSON, REV. JOHN,	Lieut., R.A.S.C.
STOCKMAN, THOS. R.,	N.I.H.
STRAIN, JOHN,	Sergeant, Canadian R.A.
STEWART, WILLIAM G.,	Sergeant, R.I.R.
TUFF, JOSEPH,	Sergeant, Irish Guards.
TUFF, ALEXANDER,	
* WHITESIDE, ALBERT,	Lieut., R.I.R.

* Killed, Missing or Died.   † Wounded or Gassed.

ROLL OF HONOUR.

LODGE 29, BELFAST.

ALLEN, HERBERT,	Private, A. C. Sect.
McBRATNEY, ROBERT,	2nd Lieut., M.S.A.
McNAUGHT, JAMES C.,	Lieut, R.I.R. Mentd.
MOTHERWELL, DAVID,	Captain, R.I.F.
MOTHERWELL, JAMES	Q.M.S., R.I.R.
* MOTHERWELL, JOHN E.,	Captain, R.I.R.
REAY, NORMAN,	Lieut., M.G.C.

LODGE 30, KILLYLEAGH.

HEIGHWAY, EDWARD,	R.N.V.R.
LAWTHER, HENRY,	Engr., R.N.V.R.
McCLURG, ROBERT,	A.B., R.N.
MAGILL, JAMES,	Corporal, Canadians.
MORRISON, SAMUEL,	Private, R.I.R.
RINGLAND, JOHN D.,	R.E.
RINGLAND, THOMAS B.,	Sub-Lieut., R.N.V.R.
ROBINSON, JAMES,	Private, Canadians.
TYNDALL, CALEB W.,	Private, R.D.F.
WILSON, JOSEPH W.,	Private, R.I.R.
WRAY, GEORGE G.,	Staff Sergeant.

LODGE 31, BELFAST.

† BELL, ANDREW T.,	2nd Lieut., R.I.R.
† BRODERICK, HOWARD B.,	Lieut., R.N,R.
† BROWNING, JAMES C.,	Lieut., R.N.R.
GILBERT, JOHN BARRY,	Capt., W. African Force.
HALL, B. H. A.,	Private, R.A.S.C.
IMRIE, WILLIAM C.,	Private, R.A.O.C.
STABLEFORD, ALFRED,	Lieut., R.N.R.
TAMPLIN, R. J. A., D.S.O., C.R.,	Major.

* Killed, Missing or Died.   † Wounded or Gassed.

ROLL OF HONOUR.

LODGE 32, WATERFORD.

BASSETT, RICHD. S., M.M.,	Private, C.A.M.C.
BEAZLEY, FRANK,	Q.M.S., S.I.H.
BECKET, ARTHUR S.,	Rifleman, Q.V.R.
CLARKE, WILLIAM S.,	Signalman, R.N.V.R.
FAINT, GEORGE,	P.O., R.N.
GAMBLE, THOS. E.,	Q.M.S., Lancers.
GILMER, ROBERT,	Private, Canadian R.
HARRIS, JOSEPH E.,	Private, R.E.
HOWES, CHAS. S., M.M.,	Q.M.S., Lancers.
MATTS, JOSEPH H.,	P.O., R.N.
TODD, WILLIAM G.,	Major, R.E.
TURNER, WILLIAM T.,	2nd Lt., Indian Army.

LODGE 33, DUBLIN.

ATKINSON, THOS. J. D.,	Capt., R.I.F., O.B.E.
BARTLEY, T. MURRAY,	Captain, Lanc. F.
BAXTER, ELLIOTT E.,	Lieut., R.E.
BEWLEY, HAROLD DE B.,	Lieut., Nigeria Regt.
* DUGGAN, GEORGE G.,	Captain, R.I.F.
EVES, EDMUND L.	Captain, R.A.S.C.
FITZGIBBON, FRANK,	Major, R.M.F.
FLINN, WILLIAM H.,	Major, R.I. Regt.
FOOT, WILLIAM, M.C.,	Captain, R.A.M.C.
GEOGHEGAN, H. L., M.D.,	Commander, R.N.
GEORGE, R. WESTROPP,	Captain, R.E.
HALLOWES, PAUL,	Major, R.D.F.
HARVEY, WILLIAMS G.,	Major, R.A.M.C.
HOLMES, ROBT. CHAS. E.,	Captain, R.I.F.
McDONNELL, J. R.,	Captain, R.A.F.
MYLES, W. S., A.A.M.C.,	Captain, A.I.F.
PEPPER, JOHN G. W.,	Captain, R.G.A.
PRATT, MERVYN P.,	Capt., Indian Army.
PRINGLE, SETON,	Lt.-Col., R.A.M.C.
ROWLETTE, ROBERT J.,	Lt.-Col., R.A.M.C.
WESTBY, REV. J. T.,	Captain, R.A.M.C.

* Killed, Missing or Died.   † Wounded or Gassed.

ROLL OF HONOUR.

LODGE 34, BELFAST.

DALZELL, JOHN S.,	Lieut., R.E.
DOWNING, WILLIAM M.,	Capt., R.I.R.
*HUMPHREY, VINCENT E.,	Lieut., R.A.S.C.
*JAMISON, JAMES C.,	Capt., R.I.R.
LYTTLE, GEORGE G.,	Capt., R.A.M.C.
McDOWELL, THOMAS,	Lieut., R.N.R.
MALONE, JOHN G.,	Lieut., R.I.R.
*NIXON, WILLIAM,	Capt., Tyneside Irish
PATTERSON, CHAS. D.,	Paymaster Lieut., R.N.R.

LODGE 35, SAINTFIELD.

†ANDERSON, WM. J.,	Lce. Corporal, R.F.
CIRLEY, ANTHONY,	Lieut, R.A.M.C.
†DAVIDSON, DAVID A.,	Lieut., R.E.
*MAGOWAN, THOMAS,	Driver, R.A.S.C.

LODGE 36, BELFAST.

HILL, CHARLES A.,	Lieut., Canadians.
LOWE, THOMAS A., D.S.O.,	Lieut.-Col., R.I. Regt.
*McERVEL, HAROLD,	Major, Liverpool Regt.
McMULLAN, ROBERT W.,	Lieut., N.F.
MOORE, DAVID B.,	Capt., R.I.R.
MORROW, JOHN S.,	Capt., R.A.M.C.
POLLOCK, HUGO McD.,	Capt., R.F.A.
RANDIR, WILL,	Lieut., O.T.C.
*WORKINGTON, CHAS. E.,	Capt., R.I.R.
WORKINGTON, D. B., Junr., M.C.,	Lieut., R.I.R.

* Killed, Missing or Died.   † Wounded or Gassed.

ROLL OF HONOUR.

LODGE 38, BALLINTOY, BALLYCASTLE.

DONNELLY, FRAS., M.C.,	Major, R.E.
DONNELLY, REV. JOHN,	Lieut., R.I.R.
*JARRETT, JOHN,	Liverpool Regt.
McKAY, ARCH.,	Gunner, R.N.R.
MITCHELL, JAMES,	R.N.R.

LODGE 39, ARMAGH.

FANNING, ROBT. J., M.C.,	Captain, Indian Army
FULLERTON, H. E.,	Captain, R.A.S.C.
HARVEY, THOMAS,	A.B., R.N.
MAHAFFEY, LAMONT,	Captain, R.A.M.C.
MAXWELL, ROBERT,	Corporal, Canadians.
*SLEATOR, ROBERT,	2nd Lieut., R.I.F.
WHITSITT, ROBERT,	Lieut., R.E.
WILSON, HENRY,	Sergeant, R.I.F.

LODGE 40, BELFAST.

ANDERSON, ANDREW N.,	Lieut., R.I.R.
BARCLAY, G. L. De R.,	Capt., R.I.R.
BATES, JOHN,	Lieut., R.G.A.
*BROWN, THOMAS C.,	Lieut., R.I.R.
COATES, FOSTER,	Capt., R.A.M.C.
CROTHERS, JOHN S.,	Major, R.I.F.
ELLIOTT, JOHN H.,	Capt. A.P.D.
FINLAY, ARTH. R. G.,	Lieut., R.I.R.
HOARE, EDWARD J.,	Capt., R.I.R.
JOHNSTONE, JASPER B.,	Major, R.A.S.C.
McCAMMOND, W. E. C.,	Colonel, R.I.R.
PURDON, WILLIAM B., D.S.O., M.C.,	Lt.-Col., R.A.M.C.

* Killed, Missing or Died.   † Wounded or Gassed.

ROLL OF HONOUR.

LODGE 41, LARNE.

    CARROL, GEORGE A.,   Lieut., R.N.
    DOOLE, JAMES,   Sapper, Canadians.
    FORBES, JAMES,   Corporal, Tank Corps.
    GIRVAN, JOHN A. C.,   Sergeant.
    JENKINS, WILLIAM,   Sergeant, Tank Corps.
    JOHNSTON, THOMAS,   Sergeant, R.I.R.
    KNOX, WILLIAM H.,   Lieut., R.E.
    LONG, EDGAR J.,   R.A.S.C., M.T.
    MACKEY, ROBERT J.,   Corporal, R.E.
*MAGILL, ROBERT J.,
    MANN, GEORGE,   Lieut.
    MILLS, WILLIAM J.,   Private, R.I.R.
    MURRAY, WILLIAM,   Private, R.I.R.

LODGE 42, MAGHERA.

*BOSTON, THOMAS,   Lieut.
    CUMMINGS, JAMES,   Private.
    FLEMING, JOHN,   Sergeant.
*GREER, GEORGE,   Private.
    McLAUGHLIN, JAMES,   Private.
    RIDDELL, HENRY,   Private.

LODGE 43, CARRICKFERGUS.

    CAMBRIDGE, T. R.,   Lieut., R.I.R.
    DAVIDSON, SAML., D.S.C., Capt., R.N.R.
    GILMER, A.,   Warrant Officer, A.O.D.
    McATAMNEY, ALEX.,   Capt., R.N.R.
    McCABE, C. S.,   Captain, A.O.D.
    McILWRATH, A. B.,   C.S.M., R.I.F.
    ORR, R. J.,   Corporal, R.E.
    SPROULE, R. J.   Sergeant, R.I.F.
    TRAPNELL, A. E.,   C.S.M., R.F.A.
*WALL, G. B.,   C.S.M., K.O.Y.L.I.

* Killed, Missing or Died.   † Wounded or Gassed.

ROLL OF HONOUR.

LODGE 45, GLENARM.

DONALDSON, SAMUEL,	Capt., Indian Army.
GREEN, WALTER J. B.,	R.N.
GREEN, ROBERT N.,	P.O., R.N.
McKAY, WILLIAM,	Private, R.I.R.
ROBINSON, JAMES,	Coast Watcher.
WARING, REV. THOS. P.,	Y.M.C.A. in France.
WRIGHT, JOHN,	Coast Watcher.

LODGE 46, COMBER.

* BRUCE, GEORGE J.,	Brigade Major.
DORMAN, WILLIAM,	Private.
McMILLAN, JOHN,	Corporal, A.E.F.
* McROBERTS, THOMAS,	Lieut.
* PROCTOR, JAMES,	Sergeant.
WRIGHT, JOHN,	Sapper, S.A.E.

LODGE 47, DUNDALK.

COOPER, CHAS. H.,	Lieut., R.N.V.R.
COULTER, JOSEPH,	Private, N.Z. Forces.
DAWSON, G. T. S.,	Captain.
FILGATE, RICHD. A. B.,	Major.
LEE-NORMAN, FRAS. T.,	Captain.
McCREADY, M. P.,	Capt. (Chaplain).
MOORE-BRABAZON, W. L. C.,	Colonel.

LODGE 49, GREYSTONES.

BAILEY, A.,	R.F.A.
FRY, J. B.,	Coastguard.
HARRIS, W. J.,	Private, R.E.
FROST, C. E.,	D.R., R.E.
STOREY, E. L.,	Telegraphist, R.E.

* Killed, Missing or Died.   † Wounded or Gassed.

ROLL OF HONOUR.

LODGE 50, DUBLIN.

CAMPBELL, E. H. F.,	C.F.
HADOKE, WILLIAM C.,	Major, R.W.F.
STOKES, HENRY,	Lt.-Colonel, R.A.M.C.

LODGE 51, BELFAST.

COTTER, ALFRED,	C.Q.M.S., R.E.
COWZER, RICHD. J., M.C.,	Major, R.A.S.C. Mentd.
EDMENSON, W. A.,	Capt., R.F.A. Mentd.
HUNTER, VICTOR,	Lieut., R.I. Regt.
HUNTER, WILLIAM,	Capt., R.A.S.C. Mentd.
* MALONE, WILLIAM A.,	2nd Lt., Cheshire Regt.

LODGE 52, LONDONDERRY.

ABERCORN, DUKE OF,	Major, H. C. R.
ALEXANDER, SAMUEL,	Lieut, Hussars.
† AUSTIN, DAVID WM.	Lieut., C.R.
BEATTY, RICHARD,	Trooper, Canadian Dgs.
* BOGLE, ROBT. A.,	Lieut., R. Innis. Fus.
CAMERON, JAMES S.,	Flight Cadet, R.A.F.
† CORDENER, GEORGE J.,	Driver R.H.A.
CROOKS, THOS. ALEX.,	Private, R.A.M.C.
DAVISON, WM. A.,	Sergt., R. Innis. Fus.
DICKSON, WM. H.,	Sergt., Black Watch.
FLEMING, WM. E. C.,	Captain. C.F.
GAMBLE, EDWARD A.,	Canadians.
HAY, RICHD. J.,	Sergt., Australians.
HUNTER, ARTHUR P.,	Sergt., R.I. Rifles.
* INGLE, JOHN A.,	Paymaster, R.N.R.

* Killed, Missing or Died.   † Wounded or Gassed.

ROLL OF HONOUR.

LODGE 52, LONDONDERRY—contd.

LEMON, CHARLES A.,	Eng. Lieut, R.N.R.
† McMONAGLE, WM. T.,	Lieut., R.A.F.
† MAXWELL, ARTHUR F.,	Lieut., R.I.F.
MAXWELL, ERNEST N.,	Private, R.A.M.C.
MAXWELL, JOHN C.,	Private, R.A.M.C.
MORRISON, ALFRED H.,	Lieut., M.G.C.
* SHANNON, ROBT.	Lieut., Canadians.
† SMITH, ALEXANDER D.,	Private, R.I.F.
SMITH, IVAN,	Corporal, R.A.M.C.
THOMPSON, JOHN W. F.,	Eng. Lieut., R.N.R.
THOMPSON, S. SCOTT,	Lieut., Tank Corps.
WILSON, WM. JAMES,	Lieut., R. Innis. Fus.
WYLIE, JOSEPH,	Lieut., R. Innis. Fus.

LODGE 54, BELFAST.

BOND, WILLIAM,	C.P.O., R.N.
GORE, JAMES,	Eng., R.N.R.
SMYTHE, THOMAS,	E.A., R.N.R.
SPENCE, CHARLES H.,	Lieut., R.I.R.

LODGE 55, MONAGHAN.

COFFEY, WM.,	Private, N.I.H.
FITZGERALD, J. G. E., M.C.,	Major, R. Innis. Fus.
† GREACEN, ROBERT,	Lieut., C.E.F.
† GREACEN, THOS., M.C.,	Capt., C.E.F.
* KENNEDY, T. J.,	Lieut., R. Innis. Fus.
WOOD, JOHN C.,	Lieut., R.G.A.

* Killed, Missing or Died.   † Wounded or Gassed.

ROLL OF HONOUR.

LODGE 56, OLDSTONE.

*CATON, JACK,	Sub-Lieut., R.N.R.
DAVIDSON, WILLIAM C.,	Sergeant, Tank Corps.
FANNEN, ROBT. J.,	S.S.M., R.A.S.C.
JAMISON, WILLIAM J.,	S.M., R.A.S.C.
LINDOP, CHAS.,	Bugle Major, R.I.R.
MONTGOMERY, G., M.M.	Sergt., R.I. Rifles.
RUSHTON, HERBERT,	Private, A.O.C.
SPROTT, ROBT.,	Lieut., R.I.R.
WADGE, WILLIAM G.,	Private, Somerset L.I.

LODGE 57, BALLYMONEY.

KNOX, WM. McA.	N.Z. Forces.
LYLE, ROBERT,	Sergeant, Canadians.
McSHANE, JOHN,	Lieut., R.I.R.
MULHOLLAND, GEO.,	Sergeant, R.I.R.
MULHOLLAND, W. J.,	Corporal, N.I.H.
PHIPPARD, SAMUEL,	Coastguards.
PORTER, THOMAS,	N.I.H.
STUART, JOHN K.,	N.I.H.
TAGGART, SAMUEL,	Sergeant, R.A.S.C.

LODGE 58, TRILLICK.

FLEMING, WILLIAM E. C.,	Capt., C.F.
GLYNN, THOMAS,	Private, Irish Guards.
HALL, ARTHUR Y.,	Private, Canadians.
† HENDERSON, WM. J.,	Trooper, 6th Innis. Dgs.
KIRKPATRICK, HUGH B.,	Gunner, Australians.
KIRKPATRICK, JOHN F.,	Corporal, Australians.
† LENDRUM, MARK B., M.C.	Capt., R. Innis. Fus.
† LENDRUM, ALLAN, M.C.,	Capt., R. Innis. Fus.

* Killed, Missing or Died.   † Wounded or Gassed.

ROLL OF HONOUR.

LODGE 59, BELFAST.

DOBBIN, JAMES,	Mechanic, R.A.F.
HENRY, CHARLES,	C.S.M., R.I.R.
McCLEERY, WM. J., D.S.M.,	Chief E.R.A., R.N.R.
WILSON, HENRY,	Private, R.E.

LODGE 60, ENNIS.

de BLACQUIERE, THOS. B.,	Lieut.
COOKE, GEO. S. C.,	Colonel, R.E. 1.
* CULLINAN, ROBERT H.,	Captain.
CULLINAN, GEORGE C.,	Cadet.
* HICKMAN, POOLE H.,	Captain.
MacDONNELL, C. R. A.	Captain.
MAGILL, ROBT. HAYES,	Lieut.
PHELPS, EDGAR L.,	Captain.
SCOTT, NORMAN,	R.A.F.

LODGE 61, BALLYMACARRETT.

CHAMBERS, HENRY,	R.S.M., R. Innis. F.
COLVILLE, ERNEST,	Eng. Lieut., R.N.R.
CRONE, RICHARD,	Corporal, C.A.S.C.
CROOKS, ARCHIBALD,	Eng. Lieut., R.N.R.
CROOKS, JOSEPH,	Eng. Lieut., R.N.R.
GAYWOOD, RICHARD,	C.E.R.A., R.N.
GETTY, DAVID,	E.R.A., R.N.
GOULDING, WILLIAM	Eng. Lieut., R.N.R.
* McDOWELL, ROBT. J.,	Private, Canadians.
† McDOUGALL, THOMAS	Pte., Liverpool Regt.
McGRATH, SAMUEL,	Sergeant, R.I.R.
McGREGOR, THOMAS,	E.R.A., R.N.
STERLING, JAMES B.,	Eng. Lieut., R.N.R.
STEWART, JOSEPH,	E.R.A., R.N.
STURGEON, HENRY F.,	Eng. Lieut., R.N.R.
THOMPSON, ALBERT E.,	Sergeant, R.I.R.
WRIGHT, WILLIAM,	C.E.R.A., R.N.

* Killed, Missing or Died. † Wounded or Gassed.

ROLL OF HONOUR.

LODGE 62, TRALEE.

CROSBIE, J. D., D.S.O.,	Brig.-General,
† GORMAN, ARTHUR,	Major, R.M.F.
MacNEILL, J.,	R.E.
MACGILLICUDDY, J.	Major, R.M.F.
MARTIN, R.,	Sergeant, R.M.F.
MORPHY, LIONEL,	2nd Lieut.
* PARKINSON, JAMES,	Canadians.
ROSS, J.,	Lce. Corporal, R.F.
WHITTAKER, ROBERT,	C.S.M., R.M.F.
O'GRADY, H. J.,	

LODGE 63, LONDONDERRY.

BROMBY, THOMAS A.,	Lieut.
DAVIDSON, HENRY C.,	Private, R.A.S.C., M.T.
† DOUGLASS, GEORGE,	Signaller, R. Innis. Fus.
* LOWRY, W. H.,	Private, N.Z. Forces.
McCANDLESS, R. CECIL,	Mechanic, R.N.A.F.
MUDD, ALBERT E.,	Sergt., R. Innis. Fus.
* REILLY, A. MAX,	Capt., R. Inis Fus.
REYNOLDS, ROBERT,	Sergt., R. Innis. Fus.
† SCRENEGEOUR, JAMES C.,	Private, R.I.R.
TAGGART, DAVID,	C.Q.M.S., R. Innis. Fus.
WALSH, JOHN,	C.S.M., R.H.M. School.
WILSON, CHARLES,	Capt., Shropshire L.I.

LODGE 65, GRANARD.

JOHNSTON, L. S., M.C,.	Capt., R.F.A.
† LITTLE, WILLIAM F.,	Gunner, R.F.A.
THOMPSON, JOHN W.,	Lieut., R.A.F.
† WILSON-SLATOR, H. B.,	Major, R.I.F.

* Killed, Missing or Died.   † Wounded or Gassed.

ROLL OF HONOUR.

LODGE 66, HILLSBOROUGH.

* MAGILL, WILLIAM,	Sergt., Ulster Vols.
ORR, REV. J. HERBERT,	C.F.

LODGE 67, BANTRY.

COLE, ERNEST A.,	Engineer, R.N.
COPPINS, HERBERT C.,	Engineer, R.N.
CRAIG, G. DALY,	Captain, R.I.F.
DEGEN, LEWIS P.,	Sapper, R.E.
HURST, HENRY,	Surgeon, R.N.
* HUTCHINS, THOMAS A.,	Trooper, Australians.
HUTCHINS, FRANCIS,	Captain, R.A.S.C.
HUTCHINS, EMANUEL,	Major, A.V.C.
JAGO, RICHARD K.,	Lieut., S.I.H.
JERMYN, JAMES,	C.P.O., R.N.
KENNEDY, ROBERT S.,	Major, R.A.M.C.
KENNEDY, JOHN C.,	Captain, R.A.M.C.
KENNEDY, THOS. F.,	Captain.

LODGE 68, YOUGHAL.

ABBOTT, R. D.,	Capt., Canadians.
ABBOTT, AUG. W. J.,	Captain.
* ABBOTT, S.	Lieut.
BOURCHIER, REV. W. LA R.,	C.F.
BROADBENT, G. R.,	Lieut., R.W.F.
BURNS, J.,	S.M., R.I. Regt.
CAREW, W. A.,	Capt., R.G.A.
COLEMAN, W. F.,	Major.
CUTHBERT, T.,	Lieut., R.W.F.

* Killed, Missing or Died. † Wounded or Gassed.

ROLL OF HONOUR.

LODGE 68, YOUGHAL—contd.

DAVIS, WM. C. R.,	Capt., R.G.A.
† DIXON, JAMES S. D.,	Lieut., A. & S. H.
DRURY, JASPER,	Lieut, R.G.A.
EVANS, E. C.,	Sergeant, R.M.F.
FUGE, T. M.,	Major, K.R.R.
HARRINGTON, T. F.,	Lieut., Middlesex Regt.
HARTLEY, T. J.,	C.O., R.N.
HODGES, REV. R. J.	C.F.
HODGES, REV. W. R.,	Lieut., C.F.
† HODGES, R. H.,	Major.
HODGINS, REV. J. J.,	C.F.
HOGAN, W. S.,	Sergeant.
HOLROYD-SMYTH, C. E. R.,	Colonel.
JOHNSON, P.,	Lieut., R.W.F.
JOHNSON, G. F.,	
KELLY, J. J.,	Sergeant, R.M.F.
KNOWLES, F.,	Lieut., R.W.F.
LAWRENCE, M. H.,	Lieut., Lincoln Regt.
LEIGHTON, F. W.,	Sergeant.
† MARTIN, T.,	Lieut., R. Innis. Fus.
ORPIN, C.,	R.A.M.C.
PICTON, T.,	Sergeant, R.M.F.
PRINGLE, E.,	Corporal, R.F.A.
RANALOW, W. H.,	Paymaster Lieut., R.N.R.
ROCHE, H. S.,	Col., R.A.M.C.
STEWART, REV. C.,	C.F.
SWAINE, M. G.,	Lieut., R.W.F.
THOMAS, REV. J. H.,	C.F., Canadians.
THOMAS, REV. G.,	C.F., Canadians.
WANDROFE, O. K.,	Sergt., R.A.S.C.
WELLAND, D.,	Private, Canadians.
WESTBURY, F. S.,	Lieut., Sherwood Foresters.
WHITTINGHAM, W. D.,	Lieut., K.L. Regt.
WILNECKER, F.,	Staff Sergeant.
WOOD, G. F.,	Corporal, S.H.

* Killed, Missing or Died.   † Wounded or Gassed.

ROLL OF HONOUR.

LODGE 69, LONDONDERRY.

DIVER, JAMES M.,	Paymaster, R.N.
JOHNSTON, JOHN A. N.,	Major.
* McCURDY, JOHN,	2nd Lieut.
McMORRIS, JOHN G.,	R.A.M.C.
PATTERSON, ARTH. J. P.,	R.A.M.C.
PORTER, VESEY R. N.,	Lieut., R.N.
SEMPLE, WILLIAM,	
SHAW, ROBERT,	
TAYLOR, GEORGE,	Corporal, R.A.M.C.

LODGE 70, DROMORE.

ARDERY, FRANK B.,	Lce.-Corporal, R.I.R.
* BELL, THOMAS J.,	Private, R.I.R.
LINDSAY, ROBT. H.,	Captain, R.I.F.
McILWAINE, WM. R.,	Captain, R.B.
MACOUN, JOHN,	Private, R.E.

LODGE 71, CORK.

BEECHER, ROBERT E.,	Canadians.
BEECHER, VICTOR E.,	Canadians.
BUTTEMER, JOHN B.,	E.R.A.
CARSON, JOHN J.,	P.O.
CASSIDY, ROBERT,	Sergeant.
CRAWFORD, ARTH. W.,	C.Q.M.S., R.D.F.
FINIGAN, WILLIAM A.,	R.I.R.
GREY, CHARLES W.,	Capt., R.E.
JORDAN, LEWIS B.,	Capt., A.P.D.
LOCKE, RICHARD F.,	P.O.
MORRIS, WILLIAM V.,	Corporal.

* Killed, Missing or Died. † Wounded or Gassed.

ROLL OF HONOUR.

LODGE 71, CORK—contd.

PHILLIPS, ARCHIBALD,	Q.M.S., R.A.S.C.
ROBERTS, WALTER,	Lieut., R.D.F.
SMYE, WM. T., D.C.M.,	Sergeant.
SPARKS, EDWARD,	P.O.
STONEY, GEORGE,	Lieut., R.D.F.
WILKSON, GEORGE,	Lieut., R.M.F.
† WILSON, FRANCIS,	Lieut., Yorkshire Regt.

LODGE 72, DUBLIN.

DRURY, NOEL E.,	Captain, R.D.F.
GREER, H. G. WYNNE,	
GASTEEN, HENRY DYAS,	Captain, R.A.M.C.
* MILLER, JOHN,	Captain, R.W.F.
MOORE, JAMES,	Lieut., R.E.
MORTON, HERBERT W.,	A. S. Sergt., R.A.O.C.
* PORTER, G. F. LAMBERT,	2nd Lt., W. Yorks Regt.
TOMLINSON, THOS. S.,	Captain, R.M.F.
WILSON, HEZLETT H.,	Lt., W. African Regt.

LODGE 73, LIMERICK.

* ALEXANDER, PERCY,	Private, R.D.F.
BARRINGTON, SIR C., Bart.,	Red Cross.
BARRINGTON, JOHN B.,	Red Cross.
* CHAPMAN, A. G.,	
COLE, F.,	S.M., R.E.
FOGERTY, J. H.,	Lieut., R.I. Regt.
FOGERTY, GEO. V.,	Lieut., M.G.C.
FOGERTY, GERALD,	Sergeant, Canadians.
GLOSTER, THOMAS,	Colonel, R.M.F.

* Killed, Missing or Died.   † Wounded or Gassed.

ROLL OF HONOUR.

LODGE 73, LIMERICK—contd.

HARRIS, JOHN,	C.S.M., R.M.F.
McADAM, W.,	Sergeant, R.A.V.C.
McGUFFOY, W. SMITH,	Sergeatnt, R.A.V.C.
MINNIG, A.,	Bandmaster, Y. & L.
PEPPER, A. E.,	Sergeant, R.A.M.C.
SAVAGE, J. W.,	Lieut., R.E.
SHARP, HARRY,	Lieut., Y. & L.
SPENCE, H. B.,	Major, R.I. Regt.
STOKES, D. J.,	Capt., R.A.M.C
SUTHERLAND, DONALD	Private, R.A.S.C., M.T.
THOMPSON, A. B.,	

LODGE 74, BELFAST.

CHIDGEY, HENRY A.,	F. S/S., R.A.S.C.
FARTHING, WM.,	Sergt. M., R.A.S.C.
GREER, SAMUEL,	C.S.M., N.I.H.
KINCH, CHAS. H.,	C.Q.M.S., R.I.R.
LYTTLE, GILBERT,	Captain, R.F.A.
MAGUIRE, THOMAS,	Sergt., R. Innis. F.
NICHOLL, JOSEPH D.,	Captain, R.I.R.
PITTAWAY, JOHN E.,	Captain, N.I.H.
SEWELL, W. A.,	R.Q.M.S., N.I.H.
SHAW, CHAS. E.,	Sergt. M., R.A.S.C.
WALTERS, JOHN R.,	Sergt., R.A.S.C.

LODGE 75, DUBLIN.

BUTLER, SAMUEL V.,	Lieut., R. Innis. Fus.
COOPER, WILLIAM H.,	Lieut., R.G.A.
HEWSON, MAURICE G.,	R.M.F.

* Killed, Missing or Died.   † Wounded or Gassed.

ROLL OF HONOUR.

LODGE 76, LONGFORD.

BODIAM, WM. A.,	R.A.S.C.
BRYANT, E. W. C.,	K.E.H.
CHESTER, STEPHEN R. C.,	R.A.O.C.
FEE, ALBERT J.,	R.A.S.C.
FLETCHER, GERALD T.,	R.A.S.C.
KENNY, WM. H.,	R.I.F.
KONFMAN, HILARY P.,	Norfolk Regt.
MARTIN, ALBERT E.,	R.A.M.C.
MARTIN, REV. W. R.,	Capt., C.F.
† MOERON, ERNEST J. S.,	Norfolk Regt.
PANKHURST, ALFRED,	R.A.S.C.
† SARGAISON, FRED. W.,	Black Watch.
THOMPSON, JOHN E.,	Canadians.
TILLEY, WM. W.,	R.A.S.C.
THOMPSON, ROBERT G.,	R.A.M.C.
WAGSTAFF, WM. H.,	K.E.H.
WARD JAMES	R.A.S.C.

LODGE 77, NEWRY.

ALLEN, WILLIAM A.,	Lieut., R.D.F.
ALLEN, WILLIAM T.,	Private, W.A.F.F.
BURNS, F. G.,	Surg. Comdr., R.N.
† CROTHERS, ROBERT,	Sergeant, R.I.F.
* CROZIER, WALSH,	Lieut., L.S.
CUNNINGHAM, RICHARD,	Private, Australians.
† ERSKINE, WM.,	C.S.M., R.I.R.
FOSTER, EDWARD, M.C.,	Capt., R.E.
FRAMPTON, J. M.,	Q.M.S., Somerset Regt.
LOCKE, W. B.,	Lieut., R.E.
LOCKHART, WM.,	Sergeant, N.I.H.
McMULLAN, DANIEL,	Private, L.C.
MACKEY, DENIS,	E. Lancs.

* Killed, Missing or Died.   † Wounded or Gassed.

ROLL OF HONOUR.

LODGE 77, NEWRY—contd.

† MARTIN, JOHN N.,	Capt., K.R.R.
MARTIN, HUGH,	Corporal, Canadians.
† O'DONOGHUE, WM. BELL,	N.I.H.
SCOTT, HAMILTON T.,	Lieut., R.I.R.
STEWART, GEORGE,	Private, R.I.F.
SMITH, NORMAN,	Lieut., R.A.F.
SMYTH, JOHN H.,	Sapper, R.E.
SUMMINS, JOHN C.,	Lieut., R.D.F.
† WARRINGTON, J.,	Sergeant, R.I.R.
WRIGHT, ALFRED H.,	Lieut., R.D.F.

LODGE 78, KEADY.

DALZELL, ANDREW,	Private, R.F.C.
† FOY, G. H.,	Lieut., Canadians.
† GIRVIN, WILLIAM H.,	Lieut., R.I.F.
† RICHARDSON, J. T., M.M.,	Sergeant, R.G.A.

LODGE 79, NEWRY.

ALDERDICE, ARCHIE,	Private, Australians.
BLACK, SAMUEL,	Lce. Corpl., M.T., R.A.S.C.
BLAKLEY, R. J.,	Lce. Corporal R.I.F.
* BOYD, WM.,	Sergeant, I.G.
GRAY, RENNIE,	Lieut. R.I.F.
GRAY, WM.,	R.Q.M.S., R.I.F.
† KANE, JACK,	Private, R.I.R.
† SEATON, ALEX.	Sergeant, R.I.F.
† SEATON, R. J.,	Private, R.I.F.
SHIMMONS, R. A.,	Private, R.A.S.C.
STIRLING, ROBERT,	Lieut., Hussars.
† WHITESIDE, H. A.,	Lieut., R. Innis. Fus.

* Killed, Missing or Died.   † Wounded or Gassed.

ROLL OF HONOUR.

LODGE 80, RATHFRILAND.

BUCHANAN, JOHN G.,	Lieut., R.F.A.
HUDSON, ROBERT J.,	Driver, B.R.C.S.
HUDSON, JOHN C., M.C.,	Capt., R.A.S.C., M.T.
HUDSON, JAMES E.,	Lieut., R.A.
HUDSON, HENRY Q.,	Lieut., R.A.F.
JONES, GEORGE J.,	Capt., R.A.M.C.
MURPHY, JOHN L.,	Lce. Corpl., R.I.R.
SCANLAN, WILLIAM A.,	Capt., C.F.
SPEEDY, WILLIAM,	Capt., R.A.M.C.
* WILSON, DAVID J.,	Driver, Canadians.

LODGE 82, PORTADOWN.

BATTERSBY, SAML. J.,	Driver, R.A.M.C.
BROWNE, R. CLAUDE,	Lieut., K.R.R., C.
BROWNE, HARRY W.,	Lieut., R.A.F.
BURNETT, THOS.,	Corporal, R.I.F.
EDGAR, LESLIE S.,	Sapper, R.E.
ELLIS, MOSES,	Sergeant, R.E.
FRY, WM. ALBERT,	Private, R.I.F.
GIBSON, JOSEPH J. C.,	Captain, R. Innis. F.
GIBSON, THOMAS D.,	Lieut., R.G.A.
HALL, T. FFORDE,	Lieut., R.I.F.
HARPUR, JOHN J. T.,	Sergeant, S.I.H.
.. HEGAN, JOSEPH A.,	Sergeant, R.I.F.
HEWITT, ROBERT J.,	Corporal, R.E.
HYDE, THOMAS,	Sergeant, R.I.F.
LINDSAY, HENRY N.,	Lieut., R. Innis. F.
RETALIC, THOS. GEO.,	2nd Lieut., R.I.F.
ROWLAND, THOMAS,	Sergeant, Canadians.
WALSH, ERNEST A.,	Q.M. Sergt., R.I.F.
WALSH, JOHN H., M.M.,	Corporal, R.E.
WILSON, SAMUEL D.,	Private, R.A.M.C.

* Killed, Missing or Died.   † Wounded or Gassed.

ROLL OF HONOUR.

LODGE 83, NEWRY.

*CLELAND, FRANK	Lieut., R.A.M.C.
CRAIG, ALEX. M.,	Lieut., R.A.M.C.
DALE, J. M. R.,	Capt., C.F.
DIXON, ERNEST,	Lieut., R.A.M.C.
DIXON, WILLIAM W.,	Lieut., R.A.M.C.
DUFFIN, JOHN,	Lieut., R.A.M.C.
† EMERSON, HERBERT,	Lieut., R.A.M.C.
EWING, JAMES,	Capt., R.A.M.C.
FERGUSSON, J. McKEE,	Lieut., R.A.M.C.
*FERRIS, HARRY,	Surg. Prob., R.N.
FISHER, THOMAS A.,	Capt., R.A.M.C.
FISHER, JAMES S.,	Corporal, Canadians.
FOSTER, ALBERT,	Canadians.
GRIMSON, THOMAS,	Lieut., R.A.M.C.
JACKSON, ROBERT B.,	Lieut., R.A.M.C.
JOHNSTON, J. G.,	Lieut., R.A.M.C.
MAGOWAN J. LYSAITT,	Lieut., Recruiting Staff.
MALONE, J. DERMOTT,	Flight Cadet, R.A.F.
McCONNELL, G. H.,	Lieut., R.A.M.C.
O'NEILL, JOHN H.,	Lieut., R.A.M.C.
ROBB, JOHN CHARLES,	Lieut., R.A.M.C.
TEMPLETON, PETER,	
WILLIS, WILLIAM,	Corporal, R.I.R.
WILSON, H. G.,	Lieut., R.A.M.C.

LODGE 84, BANDON.

ARMSTRONG, —,	
BALL, HAROLD,	C.S.M.
CATON, ALFRED J.,	Lieut.
COLLINGBOURNE, H. L.,	Lieut.
COMBER, FREDERICK,	Sergeant.
CORNER, GEORGE,	S.M.

* Killed, Missing or Died. † Wounded or Gassed.

ROLL OF HONOUR.

LODGE 84, BANDON—contd.

DARLING, REV. V. W.,	Capt., C.F.
*DAWSON, JOHN C.,	Private.
DAWSON, JOHN B.,	
DAY, JOHN E.,	
DAY, MAURICE W.,	
DICK, WILLIAM J.,	Lieut.
DICKINSON, CLAUD W.,	Lieut.
DIXON, JAMES,	
DIXON, WILLIAM,	
DUNNE, THOMAS,	Sergeant.
GAUGHAN, JOHN,	Lieut.
GEORGE, CHARLES W.,	Corporal.
GODLEY, RAYMOND D.,	Lieut.
HARMER, PERCIVAL,	C.S.M.
HARRISON, HENRY W.,	S.M.
HEALY, JOHN F.,	
HOSFORD, SAML. H. D.,	
HUNT, JOHN,	S.M.
HYLAND, EDWARD T.,	Captain.
KING, CHARLES S.,	
MAINE, CHARLES H.,	S.M.
MARTINDALE, RICHD. I.,	Q.M.S.
MILLAR, ALEXANDER,	Staff Sergeant.
OLIVER, CHAS. C. J.,	Q.M.S.
PHIPPS, ERNEST A.,	Captain.
REID, ROBERT,	
REYNOLDS, THOS. H.,	
SEMPLE, THOS. H. E.,	
SEMPLE, F. FREDK.,	
STEWART, REV. W. W.,	Capt., C.F.
WOODROOFE, WALTER,	Sergeant.

* Killed, Missing or Died.   † Wounded or Gassed.

ROLL OF HONOUR.

LODGE 85, CARRICKMACROSS.

GILCHRIST, THOMAS,	Private, A. & S.H.
GLASBY, FREDERICK,	M.T., R.A.S.C.
GLASBY, HERBERT,	Signaller, R.F.A.
GROVES, THOMAS,	Gunner, R.G.A.
JACKSON, SIDNEY,	R.Q.M.S., N.I.H.
LISNEY, HENRY,	Saper, R.E.
McCLUNE, S. J.,	Lieut., Canadians.
TAYLOR, JOHN T.,	Lieut., R.A.F.
WELLS, J. K., C.B.E.,	Major.

LODGE 86, DOWNPATRICK.

ALLEN, FREDK. T.,	Captain, R.I.R.
CHARLEY, HARRY R.,	Major, R.I.R.
CRAWFORD, R. G. S.,	Colonel, R.I.R.
FORDE, WILLIAM G.,	Major, R.I.R.
HENDERSON, ALEX.,	Major & Q'master, R.I.R.
*McCAMMON, THOS. P. V.,	Lt.-Colonel R.I.R.
MAGILL, R., Junr., D.S.O., C.B.E.,	Lt.-Col., R.A.M.C.
NELSON, ERIC H.,	Captain, R.I.R.
PILSON, ARTH. F., D.S.O.,	Major, R.I. Regt.
*ROSS, ARTHUR JOHN,	Captain, R.I.R.
WALLACE, ROBT. H., C.B., C.B.E.,	Colonel, R.I.R.

LODGE 88, BELFAST.

CALVERT, CHAS.,	Commander, R.N.R.
CARSON, DAVID A.,	Captain, R.I.R.
CHERRY, WILLIAM A.,	Lieut., R.N.R.
CROMIE, WM.,	Lieut., R.A.S.C.

* Killed, Missing or Died. †Wounded or Gassed.

ROLL OF HONOUR.

LODGE 88, BELFAST—contd.

FASHAM, JAMES G. L.,	Lieut., R.A.F.
FERGUSON, JAMES,	Major, R.I.F.
GIBSON, TOM J.,	Lieut., R.A.S.C.
LEE, WILFRED G. L.,	Corporal, R.I.R.
M'KIBBIN, ALAN J.,	Sergeant, R.E.
MITCHELL, ANDREW C.,	Sergeant, N.I.H.
MULHOLLAND, A, M.C,.	Lt.-Colonel, R.I.R.
*REA, ROBERT M.,	C.S.M., Grenadier Gds.
WADDELL, CHAS.	Lieut., R.I.R.
WAUGH, WILLIAM, Junr.	Captain, R.A.M.C.

LODGE 89, BALLYCASTLE.

COX, EDWARD,	Capt., Indian Army.
HAMILL, JOHN,	Sergeant, R.I.R.
HARPER, M. W.,	Capt., R.A.M.C.
HUMPHREYS, FREDK.,	Lieut., R.I.F.
HUMPHREY, JOHN J.,	Lieut., R.N.M.
McVICKER, ALBERT,	Sergeant, R.I.R.

LODGE 90, CAVAN.

CAMPBELL, JOHN,	Lieut., R.I.F.
FARNHAM, RT. HON. A. K. LORD, D.S.O.,	Col. R. Innis. F.
*FLUKE, SAMUEL,	Lieut., R. Innis. F.
†LYTTLE, ROBERT S.,	R.E.
MAXWELL, THE HON. H. E., D.S.O.,	Colonel, Black Watch.
*PARK, JAMES,	Private, R. Innis. F.

* Killed, Missing or Died. † Wounded or Gassed.

ROLL OF HONOUR.

LODGE 92, BELFAST.

* BLAIN, CHARLES V.,   Captain, Cheshire Regt.
FULTON, THOMAS,   Private, R.A.F.
GREGG, ROBT.,   Sergeant, R.I.R.
SHAW, ROBERT,   Private, R.I.R.
WORMINGTON, W. T.,   Captain, Cheshire Regt.

LODGE 93, DUBLIN.

FLAVELLE, H. E., Junr., Captain, R.A.M.C.
WYNNE, A. E.,   Captain, R.A.M.C.

LODGE 95, CORK.

CUTBILL, REGINALD H.,   Lt.-Col., R.A.S.C.
GORE, WM. G.,   Sergt., R.A.S.C.
HARWOOD, WILLIAM,   Gunner, R.G.A.
HILL, FREDERICK C.,   Sergt., Leinster Regt.
LUSCOMBE, SAMUEL R.,   Lieut., R.A.S.C.
McLERNON, JOHN R.,   R.Q.M.S., R.G.A.
MAHONY, GEORGE H.,   Captain, I.M.S.
PAPE, THOS.,   Gunner, Tank Corps.
PERRY, ROBERT T.,   C.E., R.A., R.N.
SMITH, MUNGO J.,   Captain, R.A.
SWABEY, WM. GEORGE S.,   Q.M.S., R.A.
WARRINER, JAS. HENRY,   E. Art., R.N.

LODGE 96, NENAGH.

BILBEE, H. V.,   Private, R.A.M.C.
DIMOND, A.,   Private, Canadians.
GEOFFROY, T.,   Corporal, R.A.S.C.
MAYNE, N.,   Capt., R.A.S.C.
* MAYNE, G. R. T., M.C., Lieut., Canadians.
STUDDERT, R.,   Capt., R.A.S.C.

* Killed, Missing or Died.   † Wounded or Gassed.

ROLL OF HONOUR.

LODGE 98, BELFAST.

BLEAKLEY, WILLIAM J.,	Sergeant, R.I.R.
BLEAKLEY, ROBERT, J.,	S.M., N.I.H.
BURROWS, WILLIAM,	Private, R.I.R.
COLLINS, JOSEPH,	S.M., R.I.R.
DAWSON, JAMES,	Sergeant, I.G.
HOPGOOD, CHARLES,	S.M., R.C.B.
LOMAS, JAMES,	S.M., R.I.R.
PURDY, JOHN C.,	Eng. Sub. Lieut., R.N.R.
WEIR, FRANK,	Eng., R.N.R.
WOODS, THOMAS,	Private, R.I.R.

LODGE 99, BELTURBET.

ALLEN, THOMAS J.,	Sergt., S. of M.
† ANDERSON, GEORGE,	Private, G.G.
BENDALL, CHARLES,	S.M., R.A.
CROSBIE, JOHN,	Lieut., R.N.A.S.
CROWE, ROBERT,	Sergt., Australians.
* DEWAR, WILLIAM,	Q.M.S., R.G.A.
* MacAULAY, DAVID,	Corporal, R.I.R.
RICHMOND, L. E.,	Lieut., R.I.F.
SAUNDERSON, S. F.,	Major, R.D.F.
STRITCH, CHAS. R.,	Lieut., R.D.F.
WILKINSON, RICHD. J.,	Q.M.S., R.F.A.

LODGE 100, DUBLIN.

CARTER, THOS. T.,	R.A.S.C.
CARTER WM. D.,	R.A.S.C.
MacARTHUR, ALBERT V.,	Trooper, S.I.H.
* McCULLOCK, R. M.,	Lieut., R.A.
* McELROY, GEO. E.	Capt. R.F.C.
ROBERTSON, JOHN B.,	R.F.C.

* Killed, Missing or Died.   † Wounded or Gassed.

ROLL OF HONOUR.

LODGE 101, ATHLONE.

† BLACK, C. G.,	Bombr., R.F.A.
BREWIN, R., O.B.E.,	Capt., R.F.A.
BURGESS, J. B.,	Capt., R.A.M.C.
CHAPMAN, ROBERT W.,	Capt., R.A.M.C.
† CLARKE, HAROLD W.,	Lieut., R.M.F.
COCKBURN, W. A.,	Lieut., R.E.
COLE, E. C.,	Q.M.S., R.F.A.
COLVILLE, F., M.C.,	Lieut., R.F.A.
COOPER, J. H.,	Corporal, R.F.A.
DAWES, ARTHUR,	Gunner, R.F.A.
DONNELLAN, THOMAS,	Lieut., E.Y. Regt.
DOWNS, NORMAN T.,	Corporal, R.A.
FAGG, JOHN,	P.O., R.N.
FISK, ED. A.,	Corporal, R.F.A.
FLOWER, WILLIAM,	Sergeant, R.F.A.
GOMERSALL, H.,	Capt., R.F.A.
GRAVES, THOS. J.,	Sergeant, R.F.A.
HAGAN, L.,	Capt., R.F.A.
HAYNES, GEORGE B.,	Corporal, R.A.S.C., M.T.
HEBDON, J. E.,	Sergeant, R.F.A.
† HEWITT, ED. J.,	Lieut., R.F.A.
JAMES, E. A.,	Lieut., R.E.
† JENNER, S. B.,	Lieut., R.F.A.
† JOHNSON, HERBERT,	Private, Canadians.
JOHNSON, WILLIAM,	R.S.M., R.A.
LEAKEY, ARTHUR W.,	A.S.S., W.S.Y.
LEWER, F. W.,	R.S.M., R.F.A.
McDONALD, D. W.,	Sergeant, S.I.H.
MAGAN, A. T. S., C.M.G.,	Lieut.-Col., R.A.S.C.
MATTOCK, H. J.,	R.S.M., R.F.A.
MOONY, G. M. S. E.,	Lieut., R.S.
NIGHTINGALE, T. G. H., M.B.E.,	Capt., R.F.A.
POOLE, HARRY S.,	Sapper, R.E.
ROWE, JOHN F.,	R.S.M., R.F.A.
SEALEY, J. W.,	Lieut., R.A.S.C.

* Killed, Missing or Died.   † Wounded or Gassed.

ROLL OF HONOUR.

LODGE 101, ATHLONE—contd.

SHORTER, R.,	Sergeant, R.F.A.
SIMPSON, O. G. E.,	Capt., R.A.M.C.
† SMALLEY, B. M.,	Corporal, R.F.A.
SMITH, GEORGE W.,	Sergeant, R.F.A.
SNELLING, G.,	Capt., R.F.A.
† STRIPP, HARRY,	Sergeant, R.F.A.
WARR, ERNEST,	R.S.M., W.S.Y.
* WHITE, F. G.,	Sergeant, R.F.A.

LODGE 102, LIFFORD.

* BAIRD, JOHN G.,	Private, R.E.
† KELLY, SAMUEL,	Corporal, Canadians.
* MOORE, EDWARD,	Private, Canadians.
PATTERSON, WILLIAM J.,	Lieut., R.A.S.C.
SNODGRASS, Q. G.,	S.M., R. Innis. Fus.
* WEIR, JOHN,	Capt., R. Innis. Fus.
WHITE, SAMUEL E.,	Private.

LODGE 103, BELFAST.

ADAMSON, WM., M.M.,	Corporal N.I.H.
BREAKEY, WILLIAM,	Major, R.A.O.C.
CUNNINGHAM, FRANK,	Cadet-Sergt. N.I.H.
CAMPBELL, ALEX. E. W.,	Private, Canadians.
* McELRATH, R. HARPER,	Private, R.D.F.
* PARKINSON, HENRY V.,	Private, R.D.F.
SCOTT, ROBT. C., M.C.,	Lieut. R.I.R.
WILSON, FREDK. W.,	Private, Canadians.

* Killed, Missing or Died.   † Wounded or Gassed.

ROLL OF HONOUR.

LODGE 104, PORTAFERRY.

BAILIE, HARRY,	Private, C.R., N.Z.
BAKER, ALF,	R.N.R.
BELL, HUGH,	R.N.R.
BROWN, THOS., M.C.,	Lieut., R.I.F.
CAVAN, THOMAS,	Gunner, R.N.
DAVIDSON, EDWARD,	R.N.R.
FOOKES, E. C. E.,	R.N.R.
LAWSON, EDWARD F.,	Capt,. B.I.
McKEOWN, WILLIAM,	P.O., R.N.A.F.
McMULLAN, WILLIAM,	Corporal, R.I.R.
MAY, WALTER,	R.N.R.
NELSON, GEORGE,	Private, R.A.S.C.
ORR, JAMES,	Sergeant, S.A.I.
QUAYLE, VICTOR C.,	Capt., W.G.
SAVAGE, WILLIAM,	N.Z.E.F.

LODGE 105, TANDRAGEE.

DICKSON, GEORGE C.,	Captain, R.I.F.
SINTON, GEORGE,	Private, Canadians.
STERLING, BENJAMIN,	Private, R.M.L.I.

LODGE 107, COLOMBO.

BAWCUTT, FREDK. J.,	Sergeant, R.A.
BENNETT, SELWYN G.,	Lieut., R.E.
BINGHAM, RICHARD C.,	Lieut., I.A.
BLANDE, NORMAN,	Sapper, Ceylon D. F.
BRISBANE, WILLIAM,	Sergeant, R.A.M.C.
BROWN, FRANK T.,	Major, Army P. Dept.
CADDY METFORD J.,	Sergt. Major, R.E.
CAGBY, WILLIAM,	Sergt. Major, R.A.S.C.
CLAPSHAW, AQUILA H.,	Sergeant, A.O.C.
COCHRANE, JAMES A.,	Guardsman, Ceylon D.F.
COON, JOHN J.,	Sapper, Ceylon D.F.

* Killed, Missing or Died.   † Wounded or Gassed.

ROLL OF HONOUR.

LODGE 107, COLOMBO—contd.

COX, WILLIAM T.,	Lieut., R.E.
ELWELL, WILLIAM A.,	Ceylon Defence Forces.
GOODEY, WILLIAM H.,	Sergt. Major, Ceylon D.F.
GOODMAN, WILLIAM A.,	G'dsman, Ceylon D. F.
GORDON, COLIN F.,	Lieut.
GOULSTONE, WM. H.,	Lieut. Indian Army.
GRIFFIN, H. L., D.S.O.,	Major, Chief S.O., Ceylon.
GRIFFITHS, RICHD. W.,	P.O., Minesweeper Ser.
GRISLEY, JOSEPH N.,	Sergeant, R.A.
HARBUR, GEORGE,	G'dsman, Ceylon D. F.
HARRIS, WM. JOHN,	Sergt. Major, R.E.
HARRISON, R. H. ST. C.,	Lieut., Indian Army.
HILLS, FREDK. J.,	G'dsman. Ceylon D.F.
HORN, WILLIAM E.,	Major, Ceylon D.F.
*HORSTALL, B. A., V.C.,	Lieut., E.L. Regt.
JILLIFFE, FRAS. E.,	Lieut., Ceylon D. F.
LEADER, THOS. H.,	Lieut. R.E.
LEWIS, ALFRED,	
LOVER, CHARLES B.,	Gunner, Ceylon D. F.
McLEOD, GEORGE W.,	Sapper, Ceylon D. F.
MACKENZIE, R. J. N.,	G'dsman, Ceylon D. F.
MACKIE, CHARLES,	Sergt., Ceylon D. F.
MUSGRAVE, CHRIS. W.,	Capt., 3rd Essex Vol. Batt.
NEWALL, ROBERT,	Sgt. Major, Ceylon D. F.
NORMAN, DOUGLAS G.,	Ceylon Defence Forces.
PALMER, WILLIAM,	Captain, R.A.
PARKER, ERNEST J.,	Sgt. Major, Ceylon D. F.
PAYNE, OSWALD F.,	Ceylon Defence Forces.
PAUL, ALEX. J.,	G'dsman. Ceylon D. F.
PONTIN, BRUCE,	Sgt. Major, Ceylon D.F.
POPHAM, HARRY T.,	G'dsman. Ceylon D. F.
RANDALL, THOS. E.,	Staff Sergeant, R.E.
RICKETTS, ARCH. B.,	Corpl., Ceylon D. F.
ROGERS, CHARLES,	Corporal, R.E.
ROTHWELL, ARTHUR,	Lieut., R.E.
RUSHOLME, THOMAS A.,	P.O., R.N.

* Killed, Missing or Died.   † Wounded or Gassed.

ROLL OF HONOUR.

LODGE 107, COLOMBO—contd.

RUST, OSWALD P.,	Gunner Ceylon D.F.
SPENCER, CLEMENT K.,	Sapper, Ceylon D. F.
TARBAT, JOHN A.,	Gunner, Ceylon D. F.
TAYLOR, ALBERT C.,	Corporal, Ceylon D. F.
WALKER, LEWIS,	G'dsman, Ceylon D. F.

LODGE 109, BELFAST.

BRENNAN, C. J.,	Capt., R.I.R.
BURNS, HAROLD V.,	Lieut., R.I. Regt.
DAVIDSON, ISAAC,	Capt., R.A.M.C.
GRAY, HAROLD,	Capt., R.A.M.C.
HOLDEN, A. C.,	Dental Officer.
KENNEDY, E. R.,	Capt., R.I.R.
KENNEDY, R. K. L.,	Lieut., R.D.F.
McCONNELL, A. E.,	Capt., R.I.R.
MACPHERSON, W. A. S., M.C.,	Capt., R.I.R.
MARTIN. C. MILFORD,	Private, B.W.
MILLER, H. C. D.,	Capt., R.A.M.C.
MONTGOMERY, W. A., D.S.O.,	Major, R.I.R.
REEVES, W. F.,	Lieut., R.A.S.C.
SHAW, J. A.,	Capt., R.A.F.
TAGGART, W. J.,	Capt., R.A.M.C.
VANCE, R. L.,	Capt., R.A.M.C.
WILSON, PERCY,	Captain, M.G.C.

LODGE 110, JAGERSFONTEIN.

APPS, JOHN,	Private.
BROWN, J.,	Sergeant.
DILLY, A.,	C.S.M.I.
* DOUGLAS, J.,	Private.
* DUNCAN, WILLIAM C.,	Private.

* Killed, Missing or Died.   † Wounded or Gassed.

ROLL OF HONOUR.

LODGE 110, JAGERSFONTEIN—contd.

des VAGES, VICTOR,	Q.S.M.
ELLERTON, S. E. A.,	Private.
JONES, F. E. E.,	C.S.M.
KENNEDY, GEORGE,	Capt., R.A.M.C.
McAULEY, WILLIAM,	Private.
PERRY, ISAAC,	Sergeant.
REID, JAMES,	Munitions.
ROBINSON, EDWIN B.,	
SNELL, FREDK. W.,	Private.
STOGDEN, ERNEST B.,	Corporal.
THOMSON, ALEX. M.,	Captain.
TRAIL, W. C.,	Munitions.
TURNER, EDWARD K.,	Sergeant.
WELLS, NORTH R.,	Lieut.

LODGE 111, BELFAST.

BRANAGH, A. H.,	Eng., R.N.R.
CROYDON, GEORGE,	Lieut., R.A.S.C.
KNOX, ROBERT, O.B.E.,	Eng. Comdr., R.N.R.
McCLELLAND, HARRY,	Telegraphist.
McDOWELL, ALEX.,	Lieut., Tanks.
McDOWELL, WILLIAM,	Lieut., R.I.R.
MORTON, BERTRAM,	Lieut., R.I.R.
MURRAY, ARTHUR,	Capt., R.N.R.
THOMASON, CHRIS.,	Sergt. Mechanic, R.A.F.

LODGE 112, DUBLIN.

BELL, HERBERT T.,	Lieut., R.H.A.
COOPER, MARK C.,	W.O., H.M.S. "Empress."
EDWARDS, THOMAS,	Lieut., R.A.M.C.
HAMILTON, JAMES B.,	Private, R.A.M.C.
HUNT, JOHN,	Cadet, D.U.O.T.C.
ROLLINS, THOS. D.,	Motor Driver, F.A.
* WALSH, WILLIAM,	Bombr., R.G.A.

* Killed, Missing or Died.   † Wounded or Gassed.

ROLL OF HONOUR.

LODGE 114, BALLYMACARRETT.

McDOUGALL, ALEX. D.,	Sapper, R.E.
MILLIGAN, HUGH,	Chief P.O.
MILLIGAN, A.,	Private, R.I.R.
THOMPSON, J., M.M.,	Corporal, Canadians.
*WOOD, JOSEPH,	2nd P.O., R.N.

LODGE 116, CARLOW.

BUTLER, JAMES H.,	Pasha.
GROGAN, J. HUBERT,	Captain.
IRWIN, REV. P. D.,	Major. C.F.
KELLETT, REV. J. F.,	Captain. C.F.
McCLINTOCK, STANLEY,	Captain.
*NIXON-ECKERSALL, F. E.,	Major.
WILLIS, W. I.,	Captain. C.F.
YARNELL, J. E.,	Qr. Master Sergt.

LODGE 117, DUBLIN.

BATTERSBY, GEORGE L.,	Major.
FERRALL, ROBERT H.,	Lieut.
KEATINGE, G. F.,	Surgeon Lieut., R.N.V.R.
THOM, F. R.,	Lieut.
WILKINSON, E. M.,	Lieut.

* Killed, Missing or Died. † Wounded or Gassed.

ROLL OF HONOUR.

LODGE 119, BANBRIDGE.

*ANDREWS, ROBERT H.,	Lieut.
AUSTEN, RICHARD B.,	Sergeant Major.
BENNETT, WILLIAM,	Private.
CLARKE, JAMES,	Private.
CREIGHTON, JAMES J.,	Sergeant.
CREIGHTON, DAVID W.,	Corporal.
DAVIDSON, SAMUEL,	Sergeant.
DICKSON, JOHN A.,	Private.
EDMINSON, JOSEPH,	Private.
ENGLISH, SAMUEL,	Private.
FLEMING, WM. A.,	Sergeant.
McCULLOUGH, WM. T.,	Private.
MIDDLETON, JOHN J.,	Captain.
RITCHIE, CECIL,	Private.
SMALL, SAMUEL J.,	Sergeant.
SMYTH, JOSEPH J.,	Private.
TWEED, JAMES M.,	Corporal.
WAITE, DAVID,	Private.
WILLIS, ROBERT,	Corporal.

LODGE 120, DUBLIN.

*ARNOLD, WM.,	Sergeant, R.D.F.
CASH, WALTER S.,	Private, R.D.F.
*FINLAY, ROBERT,	Engineer.
HUTCHINSON, J. H.,	Lieut., R.G.A.
†MOORE, FRANK,	Private, R.D.F.
START, BERTRAM J.,	Capt., R.D.F.

LODGE 121, LISBURN.

DANIEL, CLOSE,	Sergeant.
EAKIN, HUGH,	Private.
HALL, WILLIAM,	Private.
IRVINE, JAMES,	P.O., R.N.

* Killed, Missing or Died.   †Wounded or Gassed.

ROLL OF HONOUR.

LODGE 122, DUNGANNON.

HODGETT, RICHARD,	Sapper, R.E.
JOHNSTON, H. A. T.,	Guner, Canadians.
McKAY, W. A.,	Lieut., Australians.
SMITH, R. L.,	Lieut., R. Innis. Fus.

LODGE 124, CASTLEPOLLARD.

BOOTH, HENRY,	Sergeant, R.D.F.
COX, SAMUEL,	Capt., Lancs. Mentd.
GADD, WILLIAM G.,	Canadians.
LLOYD, FRED,	Canadians.
† McCORMICK, HAROLD,	Lieut., R.M.F.
MARTIN, JAMES,	Private, R.A.S.C.
de MONTMORENCY, H.,	Captain. C.F.
WOODS, JAMES,	Lieut., R.D.F.

LODGE 125, DUBLIN.

AIREY, WARREN,	S.M., S.I.H.
BAKER, GEORGE E.,	Lieut., R. Innis. Fus.
BROWN, RONALD B.,	Cadet, R.A.F.
CLARKE, NORMAN A.,	Sub.-Lieut., R.N.V.R.
DAVIDSON, ARCH. J.,	Sub.-Lieut., R.N.V.R.
DRAPER, FRANCIS E.,	Lieut., R.A.S.C., M.T.
DUNCAN, ALEX. C.,	Major, R.G.H.
GRANT, CHARLES W.,	Lieut., R.D.F.
MELLON, BAGENAL H.,	Capt., R.A.V.C.
MITCHELL, CHARLES H.,	Lieut., R.I.F.
MURPHY, WILLIAM J.,	Lieut., R. Innis. Fus.
SCALES, ALBERT W., M.C.,	Capt., R.A.S.C.
SIMPSON, ROBERT C.,	B.E.A. Ex. F.
SPREAG, EDWARD W.,	Corporal, R.D.F.
THOMSON, MATHER,	Capt., R.A.M.C.

* Killed, Missing or Died.   † Wounded or Gassed.

ROLL OF HONOUR.

LODGE 128, BELFAST.

AUSTIN, ROBERT W.,	Lieut., R.I.R.
BITTLES, JOSEPH A.,	Sapper, R.E.
CROSS, WILLIAM M.,	Private, R.A.M.C.
*CURLIS, ROLAND H.,	Trooper, Australians.
GALBRAITH, JAMES,	Sergeant, R.I.R.
JOHNSTON, DAVID A.,	Sapper, R.E.
KELLY, THOMAS J.,	Sergeant, R.I.R.
McCUNE, ALBERT J.,	Sergeant, R.I.R.

LODGE 129, DURBAN.

DONNELY, DAN,
GOODERSON, WALTER,
RAE, HAROLD R.,
RENNIE, SAMUEL,

LODGE 130, VALENTIA.

† DICKSON, JOHN E. H.,	Lieut., R.I.F.
JENKINSON, EDWARD,	Wireless Operator, R.N.

LODGE 131, MULLINGAR.

ANDERSON, ALBERT R.,	Captain.
BARTLETT, WILLIAM F.,	Sergeant Major.
BLAND, JOHN W.,	Staff Sergeant.
CONNOLLY, FRED,	Private.
FULTON, DAVID,	Staff Sergeant.
GRANT, JOHN B.,	Captain.
HALL, CHARLES R.,	Lieut.
*LARGE, HAROLD E.,	Captain.

* Killed, Missing or Died.   † Wounded or Gassed.

ROLL OF HONOUR.

LODGE 132, BALLYMACARRETT.

† ANDERSON, EDWIN,	R.I.R.
BARKER, FREDK.,	Corporal, R.E.
BROWN, JOHN A.,	R.I.R.
BROWNE, HUGH S.,	E.R.A., R.N.
CALVERT, HAROLD W.,	Sergt., C.A.M.C.
EDWARDS, JOHN W.,	N.I.H.
FORWARD, FRANK,	Private, R.E.
HARPER, JOHN W.,	Major, R.I.R.
LEWIS, THOS. J.,	Wheeler, A.O.C.
LEWIS, THOS. ED.,	R.A.M.C.
McCANN, GEORGE,	Trooper, D.G.
MORROW, THOS. A.,	Engineer, R.A.F.
PECK, GEORGE,	R.N.R.
† WILKINSON, JOHN,	C.W.E., R.N.R.

LODGE 133, COMBER.

CALDWELL, VICTOR,	Private, R.I.R.
* CUTLER, JOHN,	C.S.M., R.I.F.
KERR, ROBERT F.,	Private, R.A.S.C.
MEGRAW, ANNESLEY H.,	Lance-Corporal, R.I.R.
WATT, HAMILTON,	Corporal, R.F.A.

LODGE 134, LURGAN.

† DAVIES, C. MALCOLM,	Lieut.
DORMAN, H. C.,	Lieut.
GLENDINNING, JAMES,	Lieut.
GREER, GEORGE W.,	Major.
HEWITT, ADAM,	Sergeant.
JOHNSTON, ARTHUR,	Sergeant.
† MARTIN, THOMAS,	Lieut.
ORWIN, J. M.,	Lieut.
† THOMPSON, CHARLES G.,	Captain.

* Killed, Missing or Died.   † Wounded or Gassed.

ROLL OF HONOUR.

LODGE 135, BALLYMACARRETT.

BARR, W. J. W.,	Captain.
CLOKEY, EDMD. H., M.C.	Major.
* FRAZER, WM.,	Lieut.
HILL, THOMAS E.,	Captain, R.A.M.C.
LOCKHART, JOHN,	Lance Corporal.
MacBRIDE, T. GAMBLE,	Lieut.
* McKEE, ALEXANDER,	Lieut.
ORR, HERBERT,	Lance Corporal.
SHOTT, RICHARD H.,	Lieut.

LODGE 136, BALLYMACARRETT.

* BURNS, JAMES,	Private, S.H.
PYPER, HENRY,	Sergeant., S.L. Regt.
CAMPBELL, GEORGE,	Corporal, R.E.
GORDON, WM.,	Artificer, R.N.
LOGAN, HENRY,	Driver, Aus. Arty.
CARLISLE, JOHN,	Private, Canadians.
SMYTH, WM.,	Private.

LODGE 137, BALLINASLOE.

BLACK, GEORGE McK.,	Corporal, R.A.S.C.
DOLLAR, JOSEPH B.,	Lieut., I.G.
SEYMOUR, THOS. P. D.,	Lieut., R. Innis. Dgns.
SEYMOUR, WALKER G.,	Capt., C.R.
SMITH, ALBERT M.,	Capt., R.I.F.

* Killed, Missing or Died.   † Wounded or Gassed.

ROLL OF HONOUR.

LODGE 138, LONDONDERRY.

BYERS, ROBERT H.,	C.S.M., R. Innis. F.
CHADWICK, ROBERT G.,	Capt., Liverpool Regt.
CONNELL, SAMUEL,	Driver, Australians.
DAVIDSON, RICHARD N.,	Lieut., R.G.A.
DAWE, FREDK. E.,	2nd Lieut., R.A.F.
DAWSON, HERBERT,	Sergeant, R.G.A.
KENNEDY, CALDWELL,	Lieut., R.I.F.
McKINSTRY, HERBERT,	Lieut., Beluchistan Inf.
MACE, CHARLES H.,	Drum Major, R. Innis. F.
*O'NEILL, SAMUEL,	Lieut., R.I.F.
*PORTER, JAMES M.,	Sergt., R. Innis. F.
*REID, ALEX.,	Corpl., R. Innis. F.
YOUNG, JOHN,	Sergeant, R.G.A.

LODGE 139, MOUNTMELLICK.

BROWN, HAROLD G.,	Sergeant, Leinster Regt.
CARROLL, REV. WM.,	Capt. C.F.
CLAY, P. K.,	Lieut.
DRURY, NOEL E.,	Capt., R.D.F.
JOHNSON, THOMAS H.	Sergeant, Hussars.
McKEE, ROBT. S., M.M.,	Sergeant, R.I.R.

LODGE 140, CRUMLIN.

BRANAGH, HENRY,	Ship's Corporal, R.N.
ROBINSON, JOHN,	Private, R.A.S.C.
MAIRS, JOHN,	Corporal, Royal Marines.
MARRS, WILLIAM V.,	C. Eng., R.N.

*Killed, Missing or Died.   † Wounded or Gassed.

ROLL OF HONOUR.

LODGE 141, DUBLIN.

BRETT, GEO. H., O.B.E.,	Lieut., R.N.V.R.
DAWSON, WM. R., O.B.E.,	Lieut.-Col., R.A.M.C.
MURRAY, S. G.,	Capt., A.P.D.
O'GRADY, G.,	Major, S.I.H.
PATTON, THOMAS,	Private, R.A.O.C.

LODGE 142, CASTLEWELLAN.

† ADAMS, WILLIAM,	Rifleman, R.I.R.
BLACKWOOD, GEORGE,	Lce. Corporal, R.I.R.
CARLISLE, JOHN,	Corporal, R.I.R.
DONNAN, HUGH,	Electrician, R.N.
† McMEREHAN, JAMES,	Rifleman, R.I.R.
† MAGOWAN, JAMES,	Sergeant, R.I.R.
NELSON, STEPHEN,	Sergeant, R.I.R.
* O'BRIEN, RICHARD,	Rifleman, R.I.R.
PARKER, HUGH,	Lieut., R.E.
PARKER, ROBERT,	Riflemean, R.I.R.
RYAN, SAMUEL,	Lieut., R.A.F.
† WRIGHT, EDWARD,	C.Q.M.S.
WALKER, DAVID,	Rifleman, R.I.R.

LODGE 143, DUBLIN.

* ARCHDALL, JAMES A.,	Capt., C.H.
* BALL, CHARLES F.,	Sergeant, R.D.F.
BLACK, GIBSON,	R.A.S.C.
* CROFTON, EDWD. V. M.,	
FITZGERALD, ARTH. G.,	
FITZGERALD, L. C.,	R.I.F.
FLYNN, ROBT. A. M. M.,	Capt., R.A.M.C.
GORDON, ARCH. H.,	Capt., R.A.S.C.

* Killed, Missing or Died.   † Wounded or Gassed.

ROLL OF HONOUR.

LODGE 143, DUBLIN—contd.

* McCORMICK, EDWARD J.,	Lieut., R. Innis. Fus.
* O'GRADY, De COURCY,	C.R.
O'GRADY, GUILLAMORE,	Major, S.I.H.
PRATT, J. DALLAS,	R.A.M.C.
RUTHVEN, R. OTWAY,	Capt., R.G.A.
STACPOOLE, G. W. J.,	Lt.-Col., R.M.F.
WEEKS, OWEN H.,	Capt., R.A.F.
WESTROPP, HUGH G.,	Capt., R.A.M.C.
WHITE, WALTER F. S. B., M.C.,	Capt., R.A.S.C.
WINDER, FRANCIS A.,	Capt., R.A.M.C.

LODGE 144, KILKEEL.

BOYD, REV. ROBERT,	Lt.-Col. C.F.
GORDON, SAMUEL L.,	Private, N.I.H.
KILMOREY, THE EARL OF,	Captain, Life Guards.
PENTLAND, HERBERT C.,	Corporal, R.E.

LODGE 145, GILFORD.

EWART, ROBERT,	Sapper, R.E., A.I.F.
FOWLER, RICHARD,	Trooper, N.I.H.
* HANNA, FRANK L.,	Lieut. A. & S. H.
* McELMURRAY, GEORGE,	Trooper, R.H. Gds.
† McIVOR, ANDREW,	Captain, R.A.M.C.
† UPRICHARD, SAMUEL,	Private, Canadian Inf.
† WARREN, GEORGE,	Lieut., R.F.

* Killed, Missing or Died.   † Wounded or Gassed.

ROLL OF HONOUR.

LODGE 146, HOLYWOOD.

BEANEY, ALFRED,	Coastguard.
ELLIOTT, ALEX.,	Lance Corpl., R.A.S.C.
GREGORY, GEORGE,	Private, R.A.S.C.
† KELSO, WILLIAM G.,	R.I.R.
† KINCAID, WILLIAM J.,	Ulster Division.
MAGEE, FREDERICK H.,	Eng., R.N.
REILLY, THOMAS,	Drum Major, R.I.F.
†ROBINSON, WILLIAM C.,	Lance Corpl., R.I.R.
SCOTT, WILLIAM,	S. M., R.A.M.C
YOUNG, ALBERT E.,	Private, R.A.S.C.

LODGE 147, BLARIS.

GIBSON, JOHN W.,	Lieut., R.I.R.
MARTIN, JOHN,	Private, L.T.
WALKER, W. J.,	Sergeant, R.I.R.
WALSH, ARTHUR,	Private, R.A.O.C.
WRIGHT, WILLIAM J.,	Private, R.E.

LODGE 149, BALLYMENA.

HEPPLE, THOMAS,	Lieut., R.A.F.
MERCER, H. A. V.,	Sergeant, N.I.H.
MOORE, IRWIN W.,	Capt., R.I.F.
PALETHORPE, A. H. V.,	Captain.
SHARPE, REV. T. G.,	Capt. C.F.
WYLIE, JOHN,	Lieut., L.S.

LODGE 151, LURGAN.

ALLEN, WM. J., D.S.O.,	Lieut.-Col.
CHRISTIE, JOHN K.,	Corporal, R.A.S.C.
GRACEY, JAMES, D.C.M.,	Sergeant, N.I.H.
HARRISON, JOS., Junr.,	Corporal, R.E.
LIGGETT, ROBERT,	Sergeant, R.I.R.
McMULLAN, REV. W. J.,	Capt. C.F.
MAGUIRE, JOHN,	Private, H.L.I.

* Killed, Missing or Died. † Wounded or Gassed.

ROLL OF HONOUR.

LODGE 152, CHATHAM HALL.

ADAMS, WILLIAM,	Sergeant, R.I.R.
CHESTNUT, ALEX.	Sergeant, N.I.H.
McARTHUR, ROBT. J.,	Lieut., R.I.R.
McCAW, DANIEL,	Sergeant, R.I.R.
McCOLLUM, ROBT. J.,	Corporal, R.A.M.C.
McMILLAR, DANIEL,	Driver, Australians.

LODGE 153, DUBLIN.

BEASLEY, FRANK,	C.S.M., R.I.R.
DUFF, DUNCAN G.,	Lieut., R.I.R.
FERGUSON, WALTER,	Lieut., S.I.H.
KENNEDY, WM. F.,	Lieut., G. Regt.
LEESON, DAVID,	Capt., R.A.F.
MILLETT, JOHN,	Lieut., L. Regt.
SIMPSON, ROBT. I.,	Lieut., R.N.R.

LODGE 154, BELFAST.

BAILEY, JOHN,	Captain, R.A.S.C.
BYERS, MANDALE,	Captain, R.A.M.C.
CARTER, ERNEST F.,	Lieut., R.I.F.
CLARKE, ROBERT M.,	Captain, R.A.M.C.
COSGROVE, HENRY H.,	Captain, R.I.F.
CUNNINGHAM, H. H. B.,	Lieut.-Col., R.A.M.C.
* HAMILTON, ARCH. H.,	Captain, R.I.R.
HUTCHINSON, GEORGE,	Captain, R.I.F.
LEWIS, PERCY, M.C.,	Major, R.I.R.
* McCOLL, GEORGE E.,	Major, R.I.R.
McGOWN, J., M.C.,	Major, A.O.D.
MACOUN, JAMES,	Captain, R.M.L.I.
MARTIN, JOHN,	Lieut., R.I.R.
MONTGOMERY, ALEX.	Captain, R.A.M.C.
MOONEY, JOHN S.,	Sergeant, R.E.
MORAN, EDWARD A.,	Lieut., R.I.R.

* Killed, Missing or Died.   † Wounded or Gassed.

ROLL OF HONOUR.

LODGE 154, BELFAST—contd.

*PORTER, LESLIE,	Captain, R.F.C.
ROBINSON, H., C. de G.,	Major, R.A.S.C.
STEVENSON, J. F., M.C.,	Captain, R.I.R.
TOWNSEND, N. S. B.,	Lieut., R.I.R.
TRAILL, EDMD. F. T.,	Colonel, R.A.S.C.
VANSTON, HENRY M.,	Captain, R.I.F.

LODGE 155, RATHFRILAND.

CROMIE, JAMES J.,	Cadet, R.A.F.
HALL, JOSEPH J.,	Sergeant, R.I.R.
HENNING, HERBERT,	Lance Corporal.
INGRAM, ARTHUR,	Lieut., R.A.F.
MAYNE, W. F.,	Capt., R.A.M.C.
MURPHY, JAMES	Cadet, R.A.F.
O'NEILL, HENRY T.,	Capt., R.A.M.C.

LODGE 157, WEST AFRICAN REGT.

ADAMS, EDWD. CRIMP,	Sergeant.
*ANDREW, FREDK.,	Lieut.
ARCHER, THOS. ALFD.,	Colour Sergeant.
ATKIN, B. G., D.S.O., M.C.,	Major.
BACKHURST, HARRY,	Colour Sergeant.
BANISTER, WILLIAM H.,	Colour Sergeant.
BARING, ARTHUR FRAS.,	Lieut.
BASTIEN, JOS. FRAS.,	Sergeant.
BEAN, GEO. REG.,	Staff Sergeant.
*BEATON, GEORGE,	Colour Sergeant.
BLAKE, EDWD. JOHN,	Sergeant Major.
*BREMNER, JOHN,	Captain.
BURROWS, WALTER R.,	Qmr. Sergeant.
*CANTON, LEWIS,	Colour Sergeant.
CLEMENTS, S. A. R.,	Staff Sergeant.
CLIFT, JOSEPH,	Staff Sergeant.

*Killed, Missing or Died.   †Wounded or Gassed.

ROLL OF HONOUR.

LODGE 157, WEST AFRICAN REGT.—contd.

CORDNER, ROBT. H. L.,	Major.
CORRIE, J. S. M.,	Captain.
CUMMINS, ARTHUR,	Lieut.
DAKEYNE, H. W., D.S.O.,	Lieut.-Colonel.
DAVIDSON, WM. S.,	Staff Sergeant.
DAVIS, SYDNEY,	Staff Sergeant.
DEANE, G. R. H.,	Captain.
*DINNER, J. H. S., V.C.,	Lieut.-Colonel.
DOUCE, THOMAS,	Sergeant Major.
DYMOND, ARTHUR,	Lieut.
EVANS, THOS. S.,	Staff Sergeant.
FAUNCE, BONHAM,	Colonel.
FITT, PERCY W.,	Staff Sergeant.
FRANKPITT, ALBT. E.,	Lieut.
GARSIDE, WM. EDWD.,	Petty Officer, R.N.
GELLING, ROBT. SAML.,	Colour Sergeant.
GLASSON, CHAS. J. H.,	Lieut.
GODDEN, THOS. HENRY,	Sergeant.
GOULD, JOS. ALEX.,	Staff Sergeant.
GREEN, HAROLD S.,	Colour Sergeant.
GREGORY, SYDNEY E.,	Captain.
HALLETT, JOHN. FRAS.,	Qmr. Sergeant.
HARGREAVES, HARRY M.,	Staff Sergeant.
HARVEY, WALTER JAS.,	Staff Sergeant.
HEDLEY, W. H.,	Lieut.
HEILBRON, ELLIS JOHN,	Lieut. Colonel.
HEMPTON, HY. DUKE,	Captain.
HERRING, FRANK,	Sergeant.
HUGHES, JOHN,	Staff Sergeant.
JENKINS, ARTHUR,	Sergeant.
JOHNSON, THOS. C. M.,	Lieut.
KEVACHI, FRANK ALEX.,	Captain.
KING, FREDK. S.,	Captain.
KNIGHT, THOS. S.	Qmr. Sergeant.
KNOTT, WILLIAM G.,	Sergeant.
LAKE, WALLACE S.,	Lieut.

* Killed, Missing or Died.   † Wounded or Gassed.

ROLL OF HONOUR.

LODGE 157, WEST AFRICAN REGT.—contd.

LANGLEY, RALPH,	Lieut.
LEDSHAM, GARNET,	Staff Sergeant.
LEGG, TOM SIDNEY,	Colour Sergeant.
LEWIS, MERLIN G.,	Captain.
MacDONALD, WM. E.,	Petty Officer, R.N.
* McGUIRK, HECTOR,	Colour Sergeant.
McKENZIE, ANGUS,	Captain.
MacLEOD, DUNCAN M.,	Captain.
MEEKCORES, SIDNEY,	Staff Sergeant.
MILLER, JAMES,	Lieut.
* MILLS, T. H., D.S.O.	Captain.
MINNIKIN, H. J., M.C.,	Major.
MOORE, EDWARD O.,	Colour Sergeant.
MOORE-ALLEN, V.,	Major.
NELSON, HORATIO,	Lieut.
O'FLYNN, REG. D. C. D.,	Major.
OSBORNE, HARRY,	Qmr. Sergeant.
PAKENHAM, JAMES C.,	Colour Sergeant.
PAUL, GEORGE JAMES,	Captain.
PERKINS, PERCY,	Sergeant Major.
PONSFORD, JOHN K.,	Lieut.
POOL, ALFD. EVELYN,	Lieut.
POTTER, WALTER,	Colour Sergeant.
* POWELL, HENRY M.,	Captain.
* RICHARDSON, J. C., D.C.M.,	Captain.
RICHARDSON, THOMAS,	Colour Sergeant.
* RIGBY, JOHN H.,	Lieut.
ROE, RICHARD E.,	Lieut.
ROSS, ALEX. A.,	Colour Sergeant.
SANDY, GEORGE SAML.,	Staff Sergeant.
SCOTT, A. H. W.,	Captain.
SCOTT, DAVID,	Qmr. Sergeant.
SHIELDS, PHILIP,	Colour Sergeant.
SLEIGHT, FRANK,	Staff Sergeant.
SMITH, SYDNEY H.,	Staff Sergeant.
* STEVENS, GEO FREDK.,	Qmr. Sergeant.

* Killed, Missing or Died.   † Wounded or Gassed.

ROLL OF HONOUR.

LODGE 157, WEST AFRICAN REGT.—contd.

STOKES, R. J. R.,	Lieut.
STREETS, FREDK. GEO.,	Sergeant Major.
TAYLOR, CHAS. F.,	Colour Sergeant.
TAYLOR, GEORGE WM.,	Sergeant.
THOMAS, GWYNNE C.,	Captain.
THORNTON, C. V., M.C.,	Captain.
TICKLE, HAROLD JAS.,	Lieut.
TIERNEY, M. E. J.,	Sergeant Major.
TRANTER, ARTHUR,	Sub Conductor.
TRUSCOTT, GEORGE E.,	Staff Sergeant.
VINCE, ARTH. HENRY,	Captain.
WATSON, WILLIAM,	Lieut.
WEBB, BEN,	Lieut.
WEIR, L. R. M.,	Qmr. Sergeant.
WHITMARSH, A. J., D.S.O.,	Captain.
*WILLIAMS, W. F.,	Major.
WILSON, ALEX.,	Lieut.

LODGE 158, DUBLIN.

GAULT, JOSEPH,	Lieut., R.I.R.
KING, JOHN A.,	S.I.H.
McINTYRE, P.,	Lieut., R.A.S.C.
McQUISTON, J. H.,	
STRYMANS, MAURICE J.,	

LODGE 159, JOHANNESBURGH.

BOWLES, E. J., O.B.E.,	Captain.
COATES, HENRY,	Lieut.
EDWARD, ARTHUR JAS.,	Lieut.

* Killed, Missing or Died. † Wounded or Gassed.

ROLL OF HONOUR.

LODGE 159, JOHANNESBURGH—contd.

FRANKS, SIR KENDAL,	Lt.-Colonel.
FRANKS, K. F., D.S.O.,	Captain.
FUGE, WM. M.,	Major.
*HOPKINS, HERBERT H.,	Lieut.
LEWIS, VIVIAN GEO.,	S.S.M.
MURSELL, HENRY T., O.B.E.,	Colonel.
RUSSELL, WM. M.,	Major.
STALLARD, CHAS. F., D.S.O., M.C.,	Lt.-Colonel.
WARWICK, ERIC,	
WARWICK, GUY N.,	

LODGE 160, TEMPLEPATRICK.

BILL, HUGH,	F.S., R.E.
BILL, JOHN,	R.I.R.
ELWOOD, WILFRID A.,	N.I.H.
GRAHAM, N. C., M.C.,	Captain.
HOY, WALTER,	R.I.R.
JONES, SAMUEL,	Fitter, R.N.
LINDOP, CHARLES,	B. M., R.I.R.
McCREARY, SAML. F.,	Lieut.
*McILWAINE, JOHN,	Canadians.
McILWAINE, ANDREW,	R.I.R.
McMULLIN, DANIEL,	Lieut.
NEWELL, REV. C. F.,	C.F.
QUERN, J. DAWSON,	Amer.
STEVENSON, SAML. B.,	Lieut.
TURNER, REV. ALFRED,	C.F.

* Killed, Missing or Died.   † Wounded or Gassed.

ROLL OF HONOUR.

LODGE 162, ISLANDMAGEE.

HAYTER, HENRY H.,	R.N.
HEDDLES, ROBERT J.,	A.H., M.F.A.
HOPKINS, JAMES,	Sergeant, R.A.F.
JACKSON, JOHN C.,	Sapper, R.E.
KERR, HUGH,	Lieut. Commdr., R.N.
MARTIN, WILLIAM,	2nd Lieut., R.A.F.
MILNER, FRED,	Lieut. Commdr, R.N.R.

LODGE 163, BIRR.

† ACTON, EDWD. L. L., M.C.,	Capt., Leinsters.
ARMITAGE, HAROLD,	Capt., R.A.M.C.
ASHMORE, ALBERT S.,	Lieut., R. Innis. Fus.
* BALL, WILLIAM S.,	Sergeant.
† BALL, OSBORNE V.,	R.Q.M.S., Leinsters.
BARBER, ALEX. J.,	C.S.M., Leinsters.
BEECHEY, ERNEST E.,	Bandmaster, Leinsters.
BEGBIE, THOMAS,	Capt., C.H.
CARRUTHERS, ROBERT,	S.M., A.P.
CAWLEY, THOMAS,	Sergt. Tailor, Leinsters.
CLARK, STANLEY R.,	Lieut., R.A.F.
† DORMAN, R. H. H.,	Capt., Tank Corps.
DUNN, F. H. PATTISON,	Capt., R.M.F.
EASTWICK, FRED. T.,	Sergeant, Hussars.
FINCH, JOHN,	Major, Leinsters.
FISHER, WILLIAM,	C.S.M., Hussars.
FORBES, ARTHUR J.,	C.Q.M.S., Hussars.
FRANCIS, CHAS. W. R.,	Lieut., M.Y.
FRASER, PATRICK S.,	Capt., C.H.
GRIFFIN, EDWARD F.,	Major, Leicesters.
HACKETT, CHAS. B.,	Captain, Leinsters.
HART, ALFD. GEO. B.,	Q.M.S.
HUSBANDS, CHARLES,	R.S.M., Hussars.

* Killed, Missing or Died. † Wounded or Gassed.

ROLL OF HONOUR.

LODGE 163, BIRR—contd.

JAMES, ALBERT O.,	R.S.M., A.C.C.
KAY, THOMAS,	Sergeant, R.A.M.C.
LEONARD, WALTER J.,	Sergeant, Hussars.
LOCKE, THOMAS J.,	Private, R.E.
LUDGATE, CHRIS. W. M.,	Major, R.A.F.
LYSTER, C. J. J., M.C.,	Leinsters.
MARVELL, HERBERT L.,	Sergeant, C.H.
MORRIS, LLEWELLYN A.,	Lieut.
MORRISON, NEIL,	Capt., C.H.
McMINN, HAROLD B.,	Private, R.A.M.C.
MULHOLLAND, JOHN,	Q.M.S., Leinsters.
* MURRAY, GEORGE,	Capt., Leinsters.
† MURRAY, ROBERT,	Sergt., Leinsters.
NESBITT, GEO. K.,	Sergeant, R.A.M.C.
REDDY, WILFRED G.,	Lieut., C.H.
ROBERTS, WALTER J.,	Sergt. Observer, R.A.F.
SAUNDERSON, C. W.,	C.S.M., K.A.R.
SHORE, SAMUEL,	Sergeant.
SMITH, JOHN S.,	C.S.M., Leinsters.
SPRAGUE, STANLEY,	Sergeant, Hussars.
STACEY, FREDK. W.,	Sergeant, Hussars.
STOCKER, V. G., D.C.M.,	C.S.M., Hussars.
STOKER, ROBT. J. G.,	Captain.
TANNER, ALFRED L. P.,	Lieut., Hussars.
TREEBY, GEORGE,	Sergeant, Hussars.
TURNER, FRANK,	Lieut., C.H.
TUTE, LEONARD S.,	Private, Hussars.
WALLER, OTWAY,	Capt., R.A.S.C.
WATERS, ARCHD. R.,	Sergeant, R.A.M.C.
WEST, CLAUDE J.,	Lieut., R.A.F.
WHITEHEAD, A. H., M.C.,	Capt., Leinsters.
WOODS, CHARLES R.,	Colonel, R.A.M.C.
† WOODS, FRANCIS C.,	Lieut., C.R.
WOODS, FREDK. W.,	Lieut., R.A.M.C.
WORTHINGTON, A. C.,	Lieut., M.G.C.

* Killed, Missing or Died.   † Wounded or Gassed.

ROLL OF HONOUR.

LODGE 164, LONDONDERRY.

CLARKE, W. G.,	P.O., R.N.R., Australians.
COOK, A. F.,	Capt., R. Innis. Fus.
COOKE, J. C.,	Trooper, Australians.
* DINSMORE, M. E.,	Lieut., R.A.M.C.
FITZGERALD, E. M.,	Sergeant, R.I.F.
HAMILTON, A. McM.,	Lieut., R.A.S.C.
HEANEY, G. A.,	Lieut., R.G.A.
KNOX, E. C. H.,	Sapper, R.E.
* LEWIS, F.,	Lieut., R.I.R.
* McCLURE, R. E.,	Lieut., R. Innis. Fus.
MARTIN, —,	Lce.-Corporal, R.E.
THOMPSON, T.,	Lieut., R.I.F.
WOODWARD, N.,	Q.M.S., R. Inis. Fus.
WRIGHT, W. J.,	W.O., R.A.S.C.

LODGE 165, SLIGO.

FERGUSON, WILLIAM,	Q.M.S., Staff Office.
HOOKS, THOMAS,	Sapper, R.E.
MULLEN, JOHN,	S.Q.M.S., R.A.S.C.
ROSS, HUGH,	L. Corpl., R.A.O.C.
WOOD, CHARLES DAVID,	R.Q.M.S., R.G.A.
WOOD, JOHN CHARLES,	2nd Lieut., R.G.A.

LODGE 166, BELFAST.

BRODIE, JAMES,	Private, R.I.R.
BROWN, WILLIAM, M.M.,	Sergeant, N.I.H.
CONLEY, JAMES,	Private, R.A.S.C.
* FRENCH, FREDK. G.,	Private, Canadians.
GILLESPIE, GEORGE,	Private, R.I.R.
HOUSTON, I. HOUSTON,	Lce. Corpl., R.A.S.C.
LONG, WILLIAM H.,	Lieut., R. Innis. F.
McBRIDE, ROBERT,	Sapper, R.E.
McILROY, ARTH. J. M.,	Layer, R.N.

* Killed, Missing or Died.   † Wounded or Gassed.

ROLL OF HONOUR.

LODGE 166, BELFAST—contd.

McKERSIE, WM.,	Eng. Lieut., R.N.V.R.
NESBITT, SAMUEL,	P.O., Armd. Cars.
NIXON, ROBERT,	Trooper, N.I.H.
*ROBINSON, JOHN S.,	Capt., Welch Regt.
TATE, JAMES,	Corporal, N.I.H.
WRIGHT, SAMUEL J.,	Driver, R.A.S.C.

LODGE 167, ATHY.

*BLOOMER, ROBERT.	R.E.
DAWSON, G. F. S., C.V.O.,	Capt., R.I.R.
*HANNON, JOHN C.,	Lieut., R.I.R.
HEGERTY, R. J.,	Capt., N.Z.R.
MEREDITH, GEORGE,	Corporal, S.I.H.
MITCHELL, HUGH C.,	Lance Corporal R.A.S.C.
NEILL, WILLIAM,	Lieut., S.I.H.
*WELDON, SIR A. A., Bart., C.V.O., D.S.O.,	Lt.-Col., Leinsters.
†YOUELL, WILLIAM,	Private, R.D.F.

LODGE 168, BALLYMACARRETT.

*BROWN, JOHN, M.C.,	Captain, R.I.R.
HEAZLEY, ROBT. M.,	C.Q.M.S., R.A.C.
KIRKPATRICK, JAS.,	Lieut., R.N.R.
KNOX, FRANK,	2nd Lt., R. Innis. F.
M'GOWN, PETER,	Lieut., R.N.R.
PARKHILL, MOORE F.,	2nd Lt., Labour Corps.

LODGE 169, BELFAST.

BERRY, JOHN HENRY,	Capt., R.I.R.
BURNETT, ROBERT,	Lance Corporal, N.I.H.
*COCHRANE, JOS. M.,	
DUNNE, JOHN A.,	Private, Seaforths.
McCORMICK, HUGH,	Captain.

* Killed, Missing or Died. † Wounded or Gassed.

ROLL OF HONOUR.

LODGE 169, BELFAST—contd.

McLEERY, JOHN,
MORGAN, VICTOR, Captain.
TROTTER, THOMAS, Sergeant, R.E.

LODGE 170, CRAWFORDSBURN.

BLACK, ARCH. M.,
BRUNSDEN, SYDNEY, R.N.
CHAMBERS, JOSEPH, Private, R.I.R.
CLARKE, WALTER, Sergt. Major, R.G.A.
*CUMMINGS, HERBERT, Q.M.S., R.I.R.
DINGLEY, THOS. A., R.N.
DUNLOP, THOS. J.,
ELLIS, JAMES B., Sergeant, Canadians.
FITNESS, AUGUSTUS, Sergeant, A.O.C.
FREEMAN, WALTER, Q.M. Sergt., R.G.A.
GIBBONS, ERNEST, Sergeant, A.O.C.
GRAHAM, EDWARD, Sergeant, R.G.A.
LINDSAY, JAMES, Private, M.T.
McCREADY, ROBERT M., 2nd Lieut., R.I.R.
McLINTIC, FRAS. J., Sergt. Major, R.G.A.
MAJURY, SAMUEL,
          D.C.M., M.M., Sergt. Major, Canadians.
MONTGOMERY, JOHN,
MORTON, RICHARD, Private.
NORTH, EBENEZER G., R.N.
PAGE, FREDERICK, Private, M.T.
PARKHURST, PETER, R.N.
PATTERSON, JOHN, Sergt. Major, R.G.A.
ROY, THOMAS, Sergt. Major, R.I.R.
RUSSELL, DAVID,
SAVAGE, R. N., 2nd Lieut., R.I.R.
SKELTON, JOHN, R.N.
SMILEY, WM., Sergt., R.A.S.C.
SMITH, GEORGE S., R.N.
STRAIN, ROBERT,

* Killed, Missing or Died.   † Wounded or Gassed.

ROLL OF HONOUR.

LODGE 171, DUBLIN.

*BERMINGHAM, WM. A.,	Lieut., R.I. Regt.
JENKINS, DAVID W. M.,	Lieut., R.I. Regt.
PLOWMAN, THOMAS A.,	Private, R.D.F.
WEIR, EDWARD,	Major, C.R.
WEIR, JAMES D.,	Captain, R.E.

LODGE 172, ARDGLASS.

BROWNE, E. M., D.S.O.,	Lt.-Colonel.
BROWNE, JOHN P.,	Major.
BROWNE, MARTIN G.,	Captain.
BRUSBY, ARTHUR,	W.O., R.N.
GILCHRIST, ROBERT,	Rifleman, R.I.R.
GILCHRIST, JAMES,	1st Class P.O., R.N.
HOLMES, ROBERT,	Corporal, R.A.S.C.
*HUGHES, JOHN,	Captain, R.N.R.
MOORE, WILLIAM,	2nd Lieut., N.I.H.
SAVAGE, GEORGE,	Bombardier, R.G.A.
WILLIAMS, JAMES W.,	2nd Lieut., R.I.F.

LODGE 173, LOUGHBRICKLAND.

LEDLIE, WM.,	Captain, R.A.F.
LUSK, SAMUEL,	Captain, R.A.M.C.
REID, THOS.,	Captain. C.F.
SANDS, JOHN,	Private, R.A.M.C.

LODGE 175, RALOO, LARNE.

McWILLIAM, NATH.,	Sapper, A.I.F.
McWILLIAM, JAMES,	Corporal, C.E.

* Killed, Missing or Died.   † Wounded or Gassed.

ROLL OF HONOUR.

LODGE 176, CASTLEBAR.

BARNETT, W. E.,	Lieut., R.E.
CHADWICK, R. G.,	Lieut., K.L.
HUME, WALTER,	Capt., C.R.
JONES, HOWARD A.,	Lieut., R.N.D.
*KINSMAN, CECIL,	Lieut., R.E.
*McHOLME, JAMES N.,	Sergeant, C.R.

LODGE 178, LISBURN.

† ASHE, ERNEST F.,	R.I.R.
† BOYD, ALFRED E.,	Lieut., Black Watch.
† CHAMBERS, THOMAS R.,	R.F.
JOHNSTON, J. G., M.C.,	Lieut.-Col., R.A.M.C.
McFEETERS, GEORGE R.,	R.E.
† MacGREGOR, R. P., M.C.	Capt., R.I.R.
McGUGAN, JAMES M. K.,	V.A.D.
† MALCOMSON, N. D.,	Lieut., R.I.R.
SIMPSON, JAMES H., M.C.,	Capt., Indian Army.
TYLER, WALTER,	Capt., K.O.Y.L.I.
WEIR, WM.,	Lieut., K.O.R.L. Regt.
† WILSON, WILLIAM J. B.,	Capt., R.I.R.
WILSON, THOMAS H.,	Captain, R.I.R.

LODGE 179, DUBLIN.

*DUNCAN, W. M.,	Private.
JOY, C. E.,	Lieut.
McGUIRE, E. H.,	Q.M.S.
MILLIGAN, F. M.,	Flight-Comdr., R.N.A.S.
MORGAN, G. B.,	Captain.
PRESCOTT, G. A., M.C.,	Captain.
ROTHWELL, L. R.,	Private.
SMYTHE, L. J.,	Private.
THISTLE, J. R.,	Captain.
WALSHE, H. J.,	Lieut.
† WHITESIDE, T.	Lieut.

* Killed, Missing or Died.   † Wounded or Gassed.

ROLL OF HONOUR.

LODGE 182, BELFAST.

CREIGHTON, ROBERT,	Private, R.I.R.
† DIXON, BENJAMIN R.,	Private, R.I.R.
HERRON, JAMES,	Sergeant, R.I.R.
JOHNSTON, WILLIAM	Sergeant, R.A.F.
† MULHOLLAND, THOS.,	Driver, R.A.S.C.
SERVICE, JAMES,	Private, R.A.S.C.
VANCE, JAMES,	Corporal, R.E.

LODGE 183, GREYABBEY.

* McLEAN, DUNCAN,	Private, R.I.R.
TAGGART, SAMUEL,	Canadians.
THOMPSON, JAMES,	New Zealanders.
THOMPSON, DAVID,	New Zealanders.
YOUNG, ANDREW,	S.M., R.N.

LODGE 185, DUNGANNON.

* BEATTY, HUGH,	Captain, R.I.R.
† BELL, ROSS, Junr.,	R. Innis Fus.
BENSON, RICHARD F.,	N.I.H.
† BLACK, JAMES E.,	Canadians.
† BROWN, JAMES J.,	
* BURROWES, JOHN,	S.A. Horse.
CLARK, FRANCIS,	Lieut., R.F.A.
ESPEY, WINGFIELD,	N.I.H.
HALL, LUCAS W. W.,	R.E.
HALL, WILLIAM JOHN,	R.A.M.C.
HAMILTON, JOHN,	Lieut., Tank Corps.
HOWARD, ROBERT,	R.E.
IRWIN, WILLIAM,	Innis. Dragoons.
† McALISTER, JAMES F.,	R.I.R.
† McCREA, CHAS. E.,	Capt., A.V.C.
McFERRAN, DAVID,	Lieut., R.N.

* Killed, Missing or Died.   † Wounded or Gassed.

ROLL OF HONOUR.

LODGE 185, DUNGANNON—contd.

McGLOUGHLIN, WM.,	
McMILLAN, THOS. C.,	R.A.F.
MILLIGAN, JAMES,	
*NEWELL, CHARLES,	Capt., R.E.
†NEWELL, HENRY,	N.I.H.
NEWELL, JOHN,	Lieut., R.I.F.
NEWELL, L. R. H.,	R.A.F.
PATTON, JOSEPH,	2nd Lt., R. Innis. F.
REID, WILLIAM,	Lieut., R.I.R.
RICHARDSON, L.,	R.A.S.C.
†ROBERTS, CHAS. R. S.,	R.I.F.
TENER, JAMES B.,	R.G.A.
WILLIAMSON, JAMES,	Canadians.
†WILLIAMSON, ROBT.,	Innis. Dragons.

LODGE 187, MANORHAMILTON.

*CORSCADDEN, FRAS. T. G.,	Lieut., R.I.R.
†TROTTER, JOHN A.,	Private, B.W.

LODGE 188, BALLYNAFEIGH.

BROWNE, THOS. H. R.,	Lieut., R.I.R.
BUCHANAN, WM. J.,	Lieut., R.I.R.
CALVERT, GEORGE M.,	Eng.-Lieut., R.N.R.
DEWAR, ELLIOTT P.,	Capt., R.A.M.C.
DOUGLAS, HUGH A. M.,	Eng.-Lieut., R.N.
†INGRAM, THOMAS F.,	Capt., R.I.R.
†KEOWN, HENRY E.,	Lieut., R.I.R.
LOGAN, ERNEST,	Lieut., R.I.R.
STOREY, JOHN W., M.B.E.,	Capt., Recruiting Staff.
†WALKER, ROBERT F.,	Capt., R.A.M.C.

* Killed, Missing or Died.   † Wounded or Gassed.

ROLL OF HONOUR.

LODGE 189, CONNOR.

ALLEN, THOS. JAS.,	Private, Canadians.
ALLEN, REUBEN WATT,	Capt., R.F.A.
M'CARTNEY, MATTHEW,	Private, N.I.H.
MAWHINNEY, SAMUEL,	Sergeant, R.A.S.C.
MILLAR, JOHN,	Lieut., R.I.R.

LODGE 190, QUEENSTOWN.

ALLEN, Rev. FRAS. J.,	Chap. to Fcs. Dept.
ARMSTRONG, CHAS. O.,	Art. Eng., R.N.
ATKEY, JOHN WM. HY.,	P.O., R.N.
BECKETT, JOHN,	1st Class P.O., R.N.
BELLERBY, WM.,	Lieut., R.N.R.
BENTLEY, FREDK. J.,	P.O., R.N.R.
BOGGS, VERNE V. M.,	Lieut., U.S.N. Pay Cps.
BROOMHEAD, A. WM.,	E.R.A., R.N.
BROWN, W. E.,	1st Class P.O., R.N.
BROWN, EDGAR HY.,	Chief P.O., R.N.
BRUMMELL, HT.,	Captain, R.A.O.C.
BUSHELL, JOHN J.,	Chief P.O., R.N.
BUTTLE, ALBERT,	P.O., R.N.R.
CAIN, GEORGE A.,	Skipper, R.N.R.
CAREY, JAMES,	Staff Sergt., R.E.
CHANDLER, THOMAS,	P.O., R.N.R.
CHURCHILL, THOS. R.,	P.O., R.N.R.
CLIFFORD, C.,	P.O., R.N.R.
COLEMAN, WM.,	P.O., R.N.R.
COOK, FRAS. C.,	Chief P.O., R.N.
CRADDOCK, SL.	Chief P.O., R.N.
CRAVEN, JOHN D.,	Master, War Dept. Vessel.
CROOKS, MOFFAT,	Staff Sergt., R.A.O.C.
DART, WM. E.,	Elect'l. Art., R.N.
DAVIES, A. S.,	P.O., R.N.R.
DAVIS, A. F.,	P.O., R.N.R.
DICKER, FRANCIS,	1st Class P.O., R.N.
DOBSON, FRED L., M.C.,	Lieut., R.E.

* Killed, Missing or Died.   † Wounded or Gassed.

ROLL OF HONOUR.

LODGE 190, QUEENSTOWN—contd.

DUNCAN, F. S.,	Lieut., R.N.R.
EDWARDS, RICHD. S.,	Eng. Lieut., R.N.R.
FEADON, JOHN,	Lieut., R.N.
FISHER, J. R. M.,	R.M.L.I.
FITZCLARKE, LEONARD,	Eng. Lieut., R.N.R.
FORD, ALFRED J.,	Sergt. Major, R.A.O.C.
FORDE, ROBERT,	Chief P.O., R.N.
FREEMAN, R. G. B.,	E.R.A., R.N.
GILMAN, MICHAEL,	P.O., U.S.N.
GODWIN, HENRY T.,	Captain, Hants. Regt.
HADFIELD, WM. J.,	P.O., R.N.R.
HALL, ALLISON B.,	P'mstr. C'mdr., R.N.
HALSALL, JOHN,	Sergt., R.M.L.I.
HAMER, ALAN T.,	Sub-Lieut., R.N.R.
HENDERSON, ALVIN,	Lieut., U.S.N.
HESELTON, LESLIE,	Lieut., U.S.N.
HEYES, ROBERT,	P.O., R.N.R.
HIGGINBOTHAM, E. S.,	Sergeant, R.A.S.C.
HODGE, WM. H.,	1st Class P.O., R.N.
HODGE, HARVEY LEE,	P.O., U.S.N.
HOOPER, C. W.,	E.R.A., R.N.
JAMES, GEORGE B.,	Lieut., R.N.R.
JOB, R. HENRY,	Skipper, R.N.R.
JOHNSON, HY. B., M.C.,	Captain, R.A.O.C.
KENYON, WALTER E.,	Ensign, U.S.N.
KNOWLES, FRANK,	A.E., R.N.R.
KOLLE, G. O.,	Lieut., U.S.N.
LAKE, LEONARD,	Skipper, R.N.R.
LONSDALE, T. H.,	Skipper, R.N.R.
MARKET, PETER,	Sub-Lieut., R.N.R.
MATHER, JOHN,	E. Lieut., R.N.R.
MATHESON, SAML. H.,	Surgeon, R.N.R.
MAY, LEONARD C.,	C.O., Coastguards, R.N.
MEAD, WM. A., D.S.C.,	Skipper, R.N.R.
MIDDLETON, ADRIAN,	P.O., U.S.N.
MUNDY, CHAS. E.,	P.O., R.N.R.

* Killed, Missing or Died.   † Wounded or Gassed.

ROLL OF HONOUR.

LODGE 190, QUEENSTOWN—contd.

MURRAY, ALFRED,	P.O., R.N.
NEWMAN, HENRY,	Master, War Dept. Vessel.
NEWMAN, R. F.,	Eng. Lieut., R.N.R.
PALMER, THOMAS,	P.O., R.N.R.
PATERSON, ROBERT,	Eng. Lieut., R.N.R.
PAYNE, RICHARD JAS.,	W.O., R.N.
PAYNE, WM. HENRY,	W.O., R.N.
PERRY, SAMUEL,	Armourer, R.N.
PERRY, McKINNIE,	Ensign, U.S.A.
PHILLIPS, THOMAS,	Armourer, R.N.
PITMAN, GEORGE,	P.O., R.N.R.
*PLUMMER, H. W.,	Skipper, R.N.R.
POORE, JOHN HENRY,	W.O., R.N.
PRITCHARD, A. P.,	Writer, R.N.
RICHARDS, ROBERT,	Staff Sergt., R.A.O.C.
RITCHIE, ERNEST N.,	Ensign, U.S.N.
ROBINSON, REGINALD,	Chief E.R.A., R.N.
ROBINSON, JAMES A. S.,	Writer, R.N.
ROSE, ALFRED,	W.O., R.N.
SALTER, SYDNEY,	Chief P.O., R.N.
SANDHAM, J.,	Sub. Lieut., R.N.R.
SEMPLE, SAMUEL,	C.O., Coastguards, R.N.
SHORT, GEORGE,	Chief Writer, R.N.
SMERDON, WM. H.,	Staff Sergt., R.G.A.
SMITH, THOS.,	Chief M.-at-A., R.N.
SMITH, GEORGE A.,	Chief P.O., R.N.
SOADY, WILLIAM H.,	P.O., R.N.
STRANACK, WALLACE D.,	Paymaster Lieut., R.N.
SWIFT, GEORGE,	Sub Conductor, R.A.O.C.
TANCOCK, CHAS. H. S.,	Victualling Std., R.N.
TASKER, FREDERICK,	Staff Sergt., R.E.
TATE, FREDK. L.,	Lieut., R.N.R.
TAYLOR, A. R.,	P'master Lieut., R.N.R.
THOMPSON, A. C.,	Chief P.O., R.N.
TURNER, GD. M.,	P.O., R.N.R.
VEAL, REGINALD JOHN,	P'master Lieut., R.N.R.

* Killed, Missing or Died.   † Wounded or Gassed.

ROLL OF HONOUR.

LODGE 190, QUEENSTOWN—contd.

WAITE, CHAS. W.,	Sub-Lieut., R.N.R.
WEAVER, WALTER,	Staff Sergt., R.E.
WEST, HARRY,	Staff Sergt., R.G.A.
WIGG, GEO.,	Skipper, R.N.R.
WILDER, EDWIN V.,	Ensign, U.S.N.
WILLIAMS, WM. CHAS.,	Writer, R.N.R.
WILSON, GILBERT,	Skipper, R.N.R.
† WILSON, PERCY H.,	P'master Sub-Lt, R.N.R.
WILSON, ARTHUR,	Lieut., R.N.R.
WOODWARD, ALBERT C.,	Writer, R.N.
WORSFELD, HERBERT,	P.O., R.N.R.
WRIGHT, JOHN W.,	P.O., R.N.R.

LODGE 191, BUNCRANA.

AMOS, EDGAR S.,	Sergt., R.E.
ANDREWS, ERNEST R., D.S.C.,	Lieut., R.N.R.
ASTBURY, ROBERT,	Sergeant, R.G.A.
BALDRICK, DAVID,	Sergeant.
BATTY, GEORGE,	Eng., R.N.R.
BERNARD-SMITH, R. B.,	Lieut., R.E.
BOARDMAN, JOSEPH,	R.M.L.I.
BOOTH, GEORGE H.,	Capt., R.N.R.
BREWSTER, HOWARD,	Lieut., R.G.A.
BROWN, HENRY S.,	Sergt., R.E.
BRUCE, NORMAN J.,	R.N.V.R.
BULLAMORE, THOMAS H.,	Capt., R.N.R.
BURGESS, HERBERT,	Capt., R.N.V.R.
BURNS, WILLIAM,	C.S.M., R.I.F.
CAMPION, SIDNEY J.,	Capt., R.N.R.
CHRISTIE, ANDREW,	S.M., A.O.C.
CLARKE, JAMES E.,	Sergt., R.E.
COLLINS, WILLIAM S.,	Sapper, R.E.

* Killed, Missing or Died. † Wounded or Gassed.

ROLL OF HONOUR.

LODGE 191, BUNCRANA—contd.

CROMIE, HUGH,	Corporal, R.E.
CROSS, W. J.,	Sergt., R.I.F.
CROWE, B. R.,	Sergt., R.E.
DAVIS, ROBERT,	P.O., R.N.
DIGNAN, ALEX.,	P.O., R.N.
ELLIOTT, EDWARD,	P.O., R.N.R.
EVANS, EDWARD,	Eng., R.N.V.R.
FAWCETT, ERNEST,	Telegraphist, R.N.V.R.
FIELD, FRED,	Writer, R.N.
FLINT, WILLIAM H.,	Sergt., R.A.S.C.
FRANKLIN, B.,	Capt., D.C.L.I.
FREEMAN, E. W.,	V.P.O., R.N.
GARRATT, ARTH., D.S.C.,	P.O., R.N.
GOODE, JOHN H., M.C.,	Lieut., D.C.L.I.
GOODISON, LEWIS A.,	R.N.V.R.
GRAY, JOHN K.,	Lieut., R.I.R.
GREENSHIELD, REV. E. W. T.,	Chaplain, R.N.
HAIG, FRED,	Sergt., R.G.A.
HAMILTON, FRANK,	C.S.M., D.C.L.I.
HARROP, CHARLES P.,	Sergt., R.E.
HART, EDWARD,	R.N.R.
HEWITT, HAROLD WM.,	Sergt., R.E.
HIME, JOHN G. W.,	Major.
HODGE, ALEXANDER,	R.N.V.R.
HORLEA, WALTER L.,	Lieut., R.G.A.
HORSBURGH, ROBERT,	Capt., R.N.V.R.
JAMES, HERBERT R.,	P.O., R.N.
JENNINGS, WM. J.,	Lieut., R.N.V.R.
JONES, JOHN,	Sergt., R.E.
JUMP, HAROLD W.,	Sergt., R.E.
KIRKMAN, GEO. H.,	Electrician, R.N.
LEDGER, JOHN R.,	P.O., R.N.
LODGE, JAMES H. P.,	S.M., R.G.A.
McCLINTOCK, JOHN C.,	Capt., A.O.C.
MARTIN, WALTER L.,	S.B.A., R.N.

* Killed, Missing or Died. † Wounded or Gassed.

ROLL OF HONOUR.

LODGE 191, BUNCRANA—contd.

MAY, JOHN,	Lieut.
MEAD, CLARKE W.,	Capt., R.N.V.R.
MILLS, ALFRED G.,	R.N.
MUIR, ROBERT,	Lieut., R.E.
MYERS, JOSEPH H.,	C.P.O., R.N.
O'MAHONEY, FRANCIS,	S.S., R.E.
OLIVER, GILBERT, M.C.,	Lieut., D.C.L.I.
OLIVER, ROBERT C.,	Lieut., R.N.R.
PARISH, FRED,	C.E., R.N.V.R.
PAYNE, PERCY G.,	S.S., R.A.O.C.
PEARCEY, ALFRED E.,	S.M.
PEARCEY, JOHN WM.,	S.M., R.E.
PICTON, W. R.,	Lieut, D.C.L.I.
RAE, WILLIAM T.,	Telegraphist, R.N.
RICHARDS, REGD. L.,	R.G.A.
ROBERTS, H. E.,	Lieut., R.N.V.R.
ROYAL, ALFRED,	Capt., R.N.V.R.
RUSSELL, JAMES W.,	C.S.M., D.C.L.I.
RYAN, ROBT. E.,	Sergeant, R.A.S.C.
SADLER, D. S.,	P.O., R.N.
SANCTO, FREDK. E.,	S.M., R.E.
SARGINSON, JAMES,	Saper, R.E.
SHARKEY, JAMES,	Capt., R.N.R.
SHORTS, H. G.,	Major, R.A.S.C.
SIM, WILLIAM M.,	Eng., R.N.V.R.
SIMMONDS, ERNEST,	P.O., R.N.
SOLDIE, DAVID,	D.C.L.I.
SPEARPOINT, J. W.,	Sergt., R.G.A.
STEPHENS, HENRY,	S.M., D.C.L.I.
STEWART, FRANK L.,	Lieut., R.E.
SUNDERLAND, DAVID,	R.N.V.R.
TARLTON, LUTHER D.,	Corporal, R.E.
TOWNER, B. WM.,	Q.M.S., R.I.F.
TRUSCOTT, BERND. H.,	Lieut., D.C.L.I.
USHER, GEORGE,	Sergt., R.I.F.
VAUGHAN, R. E.,	Commander, R.N.

* Killed, Missing or Died.   † Wounded or Gassed.

ROLL OF HONOUR.

LODGE 191, BUNCRANA—contd.

VOYLE, GEORGE, V.C.,	P.O., R.N.
WALTERS, J. D.,	Capt., R.E.
WATSON, JAMES,	S.S., R.A.O.C.
WAY, PERCIVAL V. J.,	Lieut., R.G.A.
WEIR, SAMUEL S.,	Sergt., R.A.S.C.
WELLS, EDGAR,	Sergt., R.G.A.
WESTON, WM. EDWD.,	Corporal, R.I.F.
WHEATLEY, ERNEST,	Sergt., R.G.A.
WHITELOCK, T.,	P.O., R.N.
WILEY, DAVID,	Lieut., R.N.R.
WILLIAMS, PERCY,	D.M., R.I.F.
WILSON, ROBERT T.,	Lieut.
WREN, STEPHEN G. G.,	Lieut, D.C.L.I.
WRIGHT, DAVID H.,	Lieut.
WRIGHT, JOHN P.,	Sergt., R.G.A.

LODGE 192, BALLYBAY.

HARTNESS, FREDK. C.,	Lieut., R.I.F.
HOLLAND, FREDK. A. L.,	Cadet, R.A.F.
KING, JAMES H.,	Sq. S.M., N.I.H. Mentd.
YOUNG, ARTHUR,	Private, Devon. Regt.

LODGE 194, BUCKNA.

HUTCHINSON, JAMES,	Sapper, R.E.
McMASTER, FRANCIS,	Trooper, N.I.H.
ROBINSON, JAMES,	Lieut., R.I.R.
WATSON, REV. ANDREW,	C.F.

* Killed, Missing or Died.   † Wounded or Gassed.

ROLL OF HONOUR.

LODGE 195, BELFAST.

BARKLIE, ROY, M.C.,	Lieut.
† BARRETT, BENJAMIN W.,	C.S.M.
BREWER, HARRY H., M.C.,	Captain.
BROWN, HENRY W.,	Lieut.
† FRACKELTON, SAML. S.,	Sergeant.
† HALL, JOSEPH N.,	Captain.
HOWARD, THOMAS,	S.M.
McKEE, WILLIAM,	Lieut., R.N.R. Mentd.
PORTER, J. HERBERT,	Capt., R.A.M.C.
SIMPSON, THOMAS,	S.M.

LODGE 196, LONDONDERRY.

ANDERSON, G. A.,	Col.-Sergt., R. Innis. Fus.
* BALLINTINE, JOSEPH,	Capt., R. Innis. Fus.
BELL, ROBERT J.,	Lce.-Corporal R. Innis Fus.
BROWN, ROBERT,	Private, R.E.
DONALDSON, W. H.,	Private, R. Innis. Fus.
† DOUGAN, J. H.,	Lieut., R.I.F.
FLEMING, W. D.,	Lce.-Corporal, N.F.
GIVEN, THOMAS,	Corporal, R.A.M.C.
HALL, J. H.,	Q.M., R.N.
† HALL, R. L.,	Lce.-Corporal, R.Innis.Fus.
† HANNAN, FRANK,	Sergeant, R. Innis. Fus.
HOUSTON, CLEMENT,	Sergeant, R. Innis. Fus.
IRVINE, W. S.,	Q.M.S., N.I.H.
JAMES, E. A.,	Lieut., R.E.
† JONES, W. L.,	Lieut., N.F.
KING, EDWIN,	C.S.M., R. Innis. Fus.
† LYONS, PERCY,	Q.M.S., R. Innis. Fus.

* Killed, Missing or Died.   † Wounded or Gassed.

ROLL OF HONOUR.

LODGE 196, LONDONDERRY—contd.

MUDD, H. W.,	C.S.M., R. Innis. Fus.
† NELSON, WM., M.C.,	Lieut., R. Innis. Fus.
† POOTS, WILLIAM,	Sergeant, R. Innis. Fus.
QUINN, FRANK,	Private, R. Innis. Fus.
†ROBINSON, JOHN,	Q.M.S. R. Innis. Fus.
SHANNON, H. S.,	Eng. Lieut., R.N.
† SHAW, ROBERT,	Lieut., R. Innis. Fus.
SMITH, R. A.,	Lce.-Corpl., R. Innis Fus.
SMITH, J. E.,	Private, A. & S. H.

LODGE 198, NEWTOWNARDS.

BEATTIE, WILLIAM	R.I.R.
BROWN, ROBERT J.,	Sergt., Canadians.
CAMPBELL, WILLIAM,	Sapper, R.E.
CURDY, REGINALD M.,	C.S.M., R.A.M.C.
EAGLESON, THOMAS,	R.I.R.
GALLOWAY, JAMES,	Sergt., R.I.R.
HAMILTON, GEORGE,	Q.M.S., R.I.R.
* HERON, ANDREW,	Sergt., R.I.R.
* IRVINE, JAMES,	K.O.S.B.
JARDNER, JAMES F.,	R.D.F.
KINGHAM, ROBERT,	R.I.R.
McCLUNE, JOHN,	Sergt., R.A.M.C.
M'DONALD, WILLIAM J.,	R.I.R.
MILLAR, JAMES,	R.N.
NEILL, JAMES,	Sergt., R.I.R.
ROBB, EDWARD,	American Army.
SCOTT, JOHN,	R.I.R.
SNODDEN, JAS., D.C.M.,	C.S.M., R. Innis. F.
STEVENSON, SAMUEL,	K.O.S.B.

* Killed, Missing or Died.   † Wounded or Gassed.

ROLL OF HONOUR.

LODGE 199, CAPE TOWN.

ANDERSON, H.,	Captain.
BAKER, C. F.,	Corporal.
FENTON, H. W., M.B.E.,	Captain.
FRASER, C. J.,	Major.
* GOODALE, V. T.,	Lieut.
GREENSHIELDS, R. J.,	Captain.
HANTON, S. B.,	Major.
HEYHURST, WM.,	Private.
HILL, A.,	Private.
JACKSON, J. P.,	Lce.-Corporal.
JOHNSON, —,	Captain.
* MacKENZIE, J. R.,	Captain.
MARTIN, F. McG.,	Private.
* MILNER, W. H.,	Private.
MORROW, R. D.,	R.A.M.C.
* NEIL, D. W.,	Private.
PATTERSON, WM.,	Private.
PURVES, H.,	Lieut.
REEVES, A. S.,	Major.
STAFFORD, THOS., D.C.M.	Private.
* STEPHENS, E. C.,	Private.
WRIGHT, A. J.,	Lieut.

LODGE 201.

BIGGS-ATKINSON, T. B.,	Captain.
BURCHETT, CECIL H.,	Corporal.
CLARKE, C. P.,	Private.
GRAHAM-TOLER, L. G.,	Captain.
* MACKAY, FREDK. W.,	Captain.
THOMAS, JOHN L. M.,	Captain.
WALLER, EDGAR H.,	Major.

* Killed, Missing or Died.   † Wounded or Gassed.

ROLL OF HONOUR.

LODGE 202, FINTONA.

ADAMS, W. E.,	Australians.
ADAMS, C. J.,	Australians.
CARTERS, W.,	Corporal, Canadians.
CHAMBERS, J.,	Lieut., R.A.S.C.
CHAMBERS, R. A., M.C.,	Capt., R. Innis. Fus.
HAMILTON, R. J.,	R. Innis. Fus.
NEELY, E. G.,	R.A.S.C.
NIXON, D. O.,	Canadians.
NIXON, J. S.,	Lieut., Australians.
PERRY, H. R.,	S.A.H. Arty.
SCOTT, J.,	Capt., R. Innis. Fus.
SPROULE, G.,	Lieut., Canadians.
STEEN, J. R.,	L.L.I.
WILLIAMS, B. D.,	Lieut., R.N.R.

LODGE 203, MAGHERALLY.

† ADAIR, SAMUEL,	Private, R.I.R.
GIBSON, JOHN,	S.M., R.I.R.
GILMORE, ERNEST,	Private, R.I.R.
GORDON, JOHN,	Private, R.E.
McGUIGAN, ARTHUR W.,	Corpl., Canadians.
MULLIGAN, SAML., M.M.,	2nd Lieut., R.I.R.
SCOTT, ROBERT, D.C.M.,	Corporal, R.E.
SHEPHERD, DAVID,	Private, Canadians.

LODGE 204, LISNASKEA.

† KNIGHT, WM. M., M.C.,	Capt., R. Innis. F.,
† MURPHY, WM. A.,	Lieut., R. Innis. F.

* Killed, Missing or Died. † Wounded or Gassed.

ROLL OF HONOUR.

LODGE 205, ENNISKILLEN.

CHARLES, S. F. A.,	Capt., R.A.M.C.
COOK, A. E.,	Major, R.F.A.
FALLS, CHAS. F.,	Major, R. Innis. F.
HENDERSON, J. A.,	Major, R.E.
HOWARD, REV. GEO. W.,	Capt., C.F.
KIDD, LEONARD,	Major, R.A.M.C.
† LONG, G. H.,	Major, Suffolk Regt.
MALLANT, —,	Lieut., Innis. Dgns.
MILLAR, J. C.,	Capt., L.B. Horse.
NIXON, W. G.,	Major, R. Innis. Fus.
TRIMBLE, A. E.,	Capt., R. Innis. Fus.
WILSON, JAMES,	Sergt., R.E.

LODGE 207, BALLYMACARRETT.

BRENNAN, CHAS. J.,	Capt., R.I.F.
CATHCART, JOHN,	Capt., R.A.M.C.
DAVIES, CHAS. M.,	Lieut., A. & S.H.
ELWOOD, FREDK. B., M.C.,	Lieut., R.A.M.C.
EVANS, RICHARD L.,	Capt., N.F.
GEMMELL, ALEX.,	Private, R.I.R.
MUIR, ARTHUR H.,	Lt., R. Innis. F. Mentd.
OWEN, ARTHUR J.,	
WILKINSON, RICD. W.,	2nd Lt., Man. Regt.
WILLIAMSON, JAS., M.D.,	

LODGE 208, BALLYMACARRETT.

BOSTON, THOMAS,	1st M. Corpl., R.A.F.
BOSTON, JAMES,	Private, R.A.S.C.
DORNAN, ROBERT,	S. Sergt., R.A.S.C.
† EAKIN, GEORGE,	Corporal, R.I.R.
ELDER, HUGH D.,	Private, Canadians.
HAIRE, ANDREW D.,	Pioneer, R.E.
HEDGER, ERNEST T.,	Sergt., R.I.R.

* Killed, Missing or Died.   † Wounded or Gassed.

ROLL OF HONOUR.

LODGE 208, BALLYMACARRETT—contd.

KIRKLAND, JAMES,	Sergt., Australians.
McKEE, HENRY,	Q.M.S., R.I.R.
PHILPOTT, JAMES H.,	Stoker, R.N.
REYNOLDS, JOSEPH J.,	P.O., R.N.
RICHEY, ROBT. A.,	2nd Lieut., R.I.F.
SHAW, DAVID,	C.S.M., R.E.
STEPHENS, WM. H.,	Corporal, I.G.
YOUNG, WM., Junr.,	Sergt., R.I.R.

LODGE 210, CALEDON.

HALDANE, FREDK. A.,	Lieut., R.M.F.
SHANNON, ROBERT,	Private.
*STRONGE, JAMES M.,	Lieut., R.I.F.

LODGE 211, MAGHERAFELT.

BRADLEY, SAML.,	Private, R. Innis. Fus.
BROWN, ROBERT,	Sergt., R. Innis. Fus.
CRAIG, JOHN K., Junr.,	Private, Sussex Regt.
PALMER, WM.,	Private. R. Innis. Fus.

LODGE 212, DUNDALK.

LYNN, HASTINGS,	2nd Lieut., R.A.S.C.
MOTYER, EDWIN Q.,	Corporal, R.E.
WILD, WILLIAM R.,	

LODGE 213, BELFAST.

ARLOW, THOMAS,	Rifleman, R.I.R.
BINGHAM, JOHN,	Rifleman, R.I.R.
CLELAND, WILLIAM J.,	Corporal, Tank Corps.
FLAHERTY, THOMAS,	Private, R.A.M.C.
MORROW, WILLIAM J.,	Engineer, R.N.
PEPPER, JOHN A.,	Art., R.N.

* Killed, Missing or Died.   † Wounded or Gassed.

ROLL OF HONOUR.

LODGE 215, NEWBRIDGE.

ANDERSON, FRANK,	R.S.M., Manchester Regt.
BOWMAN, THOMAS,	Capt., Sherwood Rangers.
BOXALL, PERCY, M.C.,	Capt., R.A.S.C.
† HAGERTY, HENRY J.,	Lieut., R.D.F.
* HEMINGWAY, S.,	Lieut., S.W.B.
JEFFERSON, GEORGE,	Corporal, R.E.
* KEMISH, CHARLES S.,	S.M., R.A.S.C.
LANE, FREDERICK,	S.S.M., R.A.S.C.
McINTOSH, JAMES T.,	Q.M.S., R.F.A.
MORGAN, HENRY,	Capt., R.F.A.
* NEWMAN, JOHN W.,	Sergt., Manchester Regt.
PAYNE, THOS. W.,	S.M., Hussars.
PENN, WM. G.,	S.S.M., R.A.S.C.
RICE, JOHN A.,	Sergt., Hussars.
SAVAGE, JOHN W.,	Capt., R.E.
WELLER, ARTHUR J.,	Private, Leinster Regt.
WEST, RALPH E.,	Lieut., Res. Cav. Regt.
WILLOUGHBY, FRANK W.,	S.M., R.E.

LODGE 216, CARNLOUGH.

CRAIG, JAMES,	Sub-Lieut., R.N.R.
JOHNSTON, JAS. L. N.,	Private, R.A.M.C.
McKAY, ALEX.,	P.O., R.N.V.R.
McNEILL, ARTHUR,	Sub-Lieut., R.N.R.
OGILBY, HUGH,	Sub-Lieut., R.N.R.
SHARPE, REV. THOS. G.,	C.F.
WILSON, JOSEPH,	Sub-Lieut., R.N.R.

* Killed, Missing or Died.   † Wounded or Gassed.

ROLL OF HONOUR.

LODGE 217, BALLINA.

† CHAMBERS, C. P.,	Captain, R.A.M.C.
† HALLIDAY, JULIUS O.,	Lieut., R.M.F. & R.A.F.
* HAMILTON, WILLIAM,	Lieut., R. Innis. Fus.
† LONG, A. W.,	Major, K.O.Y.L.I.
† PERY-KNOX-GORE, A. E.,	Major, K.O.Y.L.I.
PERY-KNOX-GORE, E. G.,	Lieut., R.N.V.R.
* SHANNON, F. F.,	Capt., R.A.M.C.
† SHELLY, JOHN,	Capt., Lincolnshire Regt.

LODGE 218, BELFAST.

ADAIR, HARRISON,	Trooper, N.I.H.
BOYD, RICHARD R.,	2nd Lieut., R.I.R.
FEGAN, JOSEPH,	C.E. Artr., R.N.
GRAY, DAVID,	P.O., R.N.R.
* GREER, JAMES A.,	Sub-Lieut. Eng., R.N.
HAMILTON, ARTHUR,	Private, S.R.
JOHNSTON, EDWARD,	Private, Australians.
JONES, JAMES,	Eng., R.N. Transport.
KEITH, THOS. A.,	Lieut. Eng., R.N.T.
LIMMER, GEORGE H.,	L.S., R.N.R.
McLEAVY, CHAS. J.,	Lieut., R.N.
McNEILLY, WILLIAM,	Eng. Lt. Comdr., R.N.T.
MOORE, WILLIAM S.,	L. Corpl., N.I.H.
MUNROE, GEORGE K.,	Lieut. Eng., R.N.
NESBITT, ALEXANDER,	C.S., R.N.
STEWART, JAMES E.,	P.O., R.N.R.
* THOMPSON, ERNEST,	Private, R.I.R.
WHARRY, ROBERT,	P.O., R.N.T.

* Killed, Missing or Died.   † Wounded or Gassed.

ROLL OF HONOUR.

LODGE 219, PORTADOWN.

ANDERSON, ROBT. ALEX..	Capt., R.A.M.C.
* BREW, JOHN GEORGE,	Major.
* CLOW, MALCOLM P.,	French Red Cross.
DONGAN, GEO., Junr., M.D.,	Lieut., R.A.M.C.
FITZGERALD, WM. C.,	Colonel.
GREEN, JOHN E.,	Trooper.
MAYES, Rev. SAML., B.A.,	Capt., C.F.
MURRAY, JAMES,	R.E.
SHILLINGTON, DAVID G.,	Major.

LODGE 222, BRAY.

* GROSER, ARTHUR,	2nd Lieut., R.W.F.
JOHNSON, HARRY JAS.,	Sergt., R.I. Regt.

LODGE 223, MONAGHAN.

CRAWFORD, THOS. M.,	Lieut., R.A.M.C.
GIVEN, HENRY S.,	Lieut., R.A.F.
† GIVEN, THOS. F., M.C.,	Capt., R.I.F.
IRWIN, FITZJOHN, M.,	Major, R. Innis. Fus.
LEPPER, ALFRED W.,	Lieut., K.S.L.I.
McWILLIAM, WM., Junr.,	Captain, C.R.
PRINGLE, HAROLD,	Major, R.A.M.C.
* RICHARDSON, CHAS. R.,	Staff Surgeon, S.A.M.C.
ROGERS, JAMES SHAW,	Lieut., R.E.

LODGE 225, DUBLIN.

* BRIEN, FREDK. G.,	Lieut., R.F.A.
EXSHAW, GEORGE,	

* Killed, Missing or Died.   † Wounded or Gassed.

ROLL OF HONOUR.

LODGE 227, DUBLIN.

BOLSTER, G.,	R.A.M.C.
CLEARY, W. J.,	Canadian Red Cross.
ELLIOTT, C.,	R.A.M.C.
ELSON, F. W.,	Lieut., R.D.F.
GREENHALGH, R.,	S.M., R.A.S.C.
HYDE, C. F.,	
McCALL, J. A.,	R.D.F.
SWAIN, A.,	Lieut., R.A.S.C.

LODGE 230, AUGHNACLOY.

AKERLIND, CHARLES F.,	2nd Lieut.
MILLS, JAMES WILLIAM,	Gunner.
MILLS, THOMAS,	Sapper.
MILLS, RICHARD F.,	Corporal.
MOUTRAY, GERALD,	Captain.
MUNRO, HORACE F.,	Captain.
TAYLOR, JOHN W. M.,	2nd Lieut.

LODGE 232, DUBLIN.

ANTHONEY, JOHN,	Eng., R.N.
FARRAR, GEO. R., M.C.,	Lieut., B.W.
* GIBSON, GEORGE J.,	Private, Canadians.
GIBSON, INNIS. E., O.B.E.,	Private, R.A.S.C., M.T.
† MURPHY, H. P.,	Capt., R.D.F.
ROBINSON, ED. M.,	Eng., R.N.
STUDDERT, JOHN F.,	Private, R.A.F.
WOODS, RICHD. JAS.,	Lce.-Corporal, R.E.

LODGE 233, BELFAST.

† GIBSON, JOHN,	Sergeant.
MORELAND, JAS. A., M.C.,	Lieut.
STEVENSON, DAVID,	R.E.

* Killed, Missing or Died.   † Wounded or Gassed.

ROLL OF HONOUR.

LODGE 234, KINSALE.

ARMSTRONG, T. W.,	S.M., C.R.
BEVIS, H. E.,	Lieut., C.R.
BLACKLEY, A.,	Sergt., A. & S. H.
BRESSEY, R. J.,	P.O., R.N.
CAMERON, M. J.,	Lieut., A. & S. H.
CARNAGHAN, W. E.,	Lieut., C.R.
COLLIER, W. A.,	Lieut., C.R.
DAVIES, J. P.,	R.S.M., E. Surreys.
DAVIS, HY.,	Col. Sergt., E. Surreys.
DAY, DAVID,	P.O., R.N.
ELLIS, E. R.,	Corpl., A. & S. H.
FISHER, C. C.,	Sergt., A. & S. H.
FISHER, W. G., D.C.M.,	Lieut., E. Surreys.
FLOOD, JOHN,	P.O., R.N.
FORSDICK, W. H.,	Major, R.M.F.
HENDERSON, CHAS.,	Private, Camerons.
HISCOCK, THOS.,	S. Drum, R.M.F.
HITT, ED.,	P.O., R.N.
* HUNT, R. H., D.C.M.,	Sergt., E. Surreys.
* HUNT, H.,	Sergt., E. Surreys.
JUX, H. G.,	P.O., R.N.
LOW, P. D.,	Lieut., C.R.
McGHEE, JOHN,	Sergt., A. & S. H.
MUIRHEAD, T. D.,	Dental Corps.
† MURDEN, T. F., M.C.,	S.M., E. Surreys.
NEWMAN, T. B.,	Capt., R.A.M.C.
OLVER, W. J.,	P.O., R.N.
PEARSON, W. T.,	Capt., C.F.
POPHAM, F. S.,	Major, R.D.F.
* PRATT, J. A.,	Major.
PURDON, B. H.,	Lt.-Col., R.M.F.
† ROWE, J.,	C.Q.M.S., E. Surreys.
SEWELL, ML.,	Lieut., R.M.F.
† THOMPSON, H. W.,	Capt., E. Surreys.
TWOHEY, A. E.,	R.S.M., E. Surreys.
UNWIN, F. C.,	Sergt., E. Surreys.
* WOOLGER, W. J.,	Col. Sergt., E. Surreys.

* Killed, Missing or Died.   † Wounded or Gassed.

ROLL OF HONOUR.

LODGE 235, COLERAINE.

BACON, SAMUEL,	Sergt. Instr., R.E.
† CHERY, JAMES,	Sergt., S.G.
† EDMUNDSON, JOHN M.,	Gunner, R.N.
† HILL, DANIEL G.,	Corporal, A. & S. H.
KELLY, GEORGE B.,	R.N.R.
McCONACHIE, WILLIAM	Major, M.G.C.
MACREADY, H. J.,	Lieut., R.A.F.
* MOODY, THOMAS J.,	Corporal, R.I.R.
PLATT, DAVID,	Private, R. Innis. Fus.
SWEENY, JAMES,	Sergt., R.A.M.C.
† TOLFER, ALEX.,	Corporal, K.O.S.B.

LODGE 236, WICKLOW.

DAGG, STANLEY,	Corporal, Artists' Rifles.
DAGG, GEORGE,	Wireless Oper., R.N.
DAGG, ALAN VICTOR,	Lieut., Leinster Regt.
ELLISON, FRAS. O'B.,	R.A.M.C.
FENNELL, WILLIAM,	Private, S.I.H.
GROGAN, HERBERT J.,	Capt., Border Regt.
HOPKINS, JOHN,	R.Q.M.S., R.I. Regt.
O'CALLAGHAN, REV. J.,	Capt., C.F.
ORPEN-PALMER, G. de MONTMORENCY,	Capt., Leinster Regt.
SARGENT, WILLIAM,	Sapper, R.E.
* TYNTE, MERVYN,	Colonel, R.M.F.

LODGE 237, BALLYNAFEIGH.

CARMICHAEL, ROBERT,	Lieut.
† CROSSEY, WILIAM E.,	Lieut.
CUTHBERT, EDWARD,	Sergeant.
LEE, ARTHUR,	Captain.
† MAIN, JOHN,	Private.

* Killed, Missing or Died.   † Wounded or Gassed.

ROLL OF HONOUR.

LODGE 238, DUBLIN.

CLARKE, FREDERICK,	Corporal, S.I.H.
DARLING, HAROLD,	Capt., R.M.F.
JAMESON, ALLAN T.,	Lieut., S.I.H.
MARLOW, H. A., M.C.,	Sub Lieut., R.N.V.R.
MEREDITH, E. F., M.S.M.,	C.S.M., A.G.S.
MUNRO, JAMES B.,	Cadet, R. Innis. F.

LODGE 239, BELFAST.

GARDINER, WM. HOPE,	R.A.F.
McCORMICK, GEO.,	Driver, M.T.
McGUIGAN, WM.,	Private, R.I.R.
WATSON, JAMES	C.E.
YOUNGER, JOHN,	Fitter, M.T.
YOUNGER, ANDREW S.,	Staff Sergt., R.A.S.C.

LODGE 240, BALLYMACARRETT.

BARNES, ROBERT,	Coastguard, R.N.
† BARNES, JAMES E.,	Sapper, R.E.
BLACK, WILLIAM,	C.E.R.A., R.N.
CONNOLLY, JOHN, Senr.,	R.N.R.
† CONNOLLY, JOHN, Junr.,	Sapper, R.E.
DEMPSTER, ALEX.,	Sergt., R.I.R.
† GEAR, WM. T.,	Sapper, R.E.
GILL, WILLIAM A.,	R.A.F.
GORDON, JAMES,	Engineer, R.N.R.
JOHNSTON, WM. J.,	C.E.R.A., R.N.
LAPPIN, ARCH.,	L. Corpl., R.I. Fus.
McKINLAY, ALEX.,	Corporal, M.G.C.
SCOTT, JAMES,	Carpenter, R.N.
SMITH, ALEX.,	W.O., R.N.
STEELE, JOSEPH,	Eng. Art., R.N.R.
VAUX, HAROLD,	Secret Service.

* Killed, Missing or Died.   † Wounded or Gassed.

ROLL OF HONOUR.

LODGE 241, NEW ROSS.

    FAIRWEATHER, C. F.,   R.A.M.C.
    GIBSON, W. F.,   Capt., R.A.M.C.
  † GIBSON, A. J. E.,   Lieut., R.I.R.
    JEFFARES, W. H.,   Lieut., R.N.R.
  * McELROY, J. O.,   Lieut., Manchester Regt.
  † RICHMOND, A. H. R.,   Major, R.I.R.

LODGE 242, BOYLE.

    ANDERSON, W. H.,   Capt., R.A.M.C.
  * BARNES, GEORGE,   Q.M.S., C.R.
    HERON, W. H.,   Lieut., R.F.
  † KINGSTOWN, EARL OF,   Capt., I.G.
    MURPHY, J. F.,   Major, Recruiting Staff.
    MURPHY GARNET,   Lieut., R.I.R.
    SMITH, F. F. S.,   Col., R.A.M.C.
    WATSON, W. T.,   Private, S.A.F.

LODGE 243, BELFAST.

    ALLWORTHY, S. W.,   Capt., R.A.M.C.
    BEITH, R. MAITLAND,   Capt., R.A.M.C.
    BROCK, W. E.,   French Red Cross.
    BROWNE, A. CRAWFORD,   Capt., R.A.S.C.
    BRYCE, GEORGE,   Lieut.
    CRAWFORD, F. H.,   Lieut.-Col., R.A.S.C.
    FORTH, F. C.,   Capt., R.I.R.
    FRASER, A. S.,   Capt., O.T.C.
    FULLERTON, A., C.B.,
        C.M.G., Colonel.
    GRIMSHAW, W. H.,   Major.
    HASLETT, J. ROSS,   Capt., R.A.S.C.
    HERVEY-MacLEAY, D.,   Lieut., R.N.
    HURLEY, W. R.,   R.A.S.C.

* Killed, Missing or Died.   † Wounded or Gassed.

ROLL OF HONOUR.

LODGE 243, BELFAST—contd.

KERR-SMILEY, P., M.P.	Major.
* M'CUTCHEON, J. CECIL,	Lieut., R.I.F.
* M'DONALD, EDWARD L.,	Lieut., R.I.R.
MACKENZIE, W. R.,	Capt., R.A.M.C.
* PHILLIPS, T. M'CANN,	Capt., R.A.M.C.
ROBINSON, HAROLD C.,	Major, R.A.S.C.
WALLACE, E. W., M.C.,	Captain, M.G.C.
WARNOCK, J. E.,	Capt., R.G.A.
YOUNG, J. R.,	Captain, R.A.S.C.

LODGE 244, KELLS.

BOMFORD, CHAS. F.,	Capt., Leinster Regt.
BOMFORD, GEO. L.,	Capt., R.A.V.C.
* HEALY, GUY R.,	Lieut., R.M.F.
McGARVEY, JAMES A.,	R.E.
McQUADE, JOHN H.,	Private.
POWER, PERCIVAL JAS.,	Driver, R.A.S.C.
* RADCLIFF, HERBERT T.,	Capt., Leinster Regt.
WARREN, Rev. ROBERT.,	Captain, C.F.
WILSON, THOMAS,	N.I.H.

LODGE 247, JOHANNESBURGH.

AITCHISON, ANGUS R.,	Sergeant.
BALL, STEPHEN,	
BURGE, ALFRED H.,	Lieut.
CHAPMAN, GEO. E.	S.S.
COOPER, WILLIAM JAS.,	S.S.
CROGHAN, EDWD. H.,	Lieut.
CROGHAN, EDWARD,	Captain.
ELLISON, ROBERT,	Sergeant.
FIRTH, ALFRED,	Corporal.
FORSYTH, WALTER H.,	Private.

* Killed, Missing or Died.   † Wounded or Gassed.

ROLL OF HONOUR.

LODGE 247, JOHANNESBURGH—contd.

	HIGGINS, DOUGLAS,	Sergeant.
	KNOX, FITZROY,	Private.
	McCRACKEN, H. E. R.,	Private.
*	McMULLAN, JOHN A.,	Private.
	MOUNTIFIELD, JOHN R.,	Sergeant.
	NICHOLAS, CECIL S.,	Corporal.
	PLUMBLY, FRANK,	Corporal.
	THOMPSON, WM. J. H.,	S.M.
	WAREHAM, THOS. W.,	
	WILKINS, GEORGE N.,	Bombardier.

LODGE 248, ROSCOMMON.

	BURKE, JOSEPH B.,	Private, R.A.M.C.
†	HOLMES, P. A.,	Major.
	WALPOLE, GEORGE F.	Lieut.

LODGE 249, DUBLIN.

†	BOOKER, GEORGE, Junr.,	Australian Impl. Force.
	KIRKHAM, THOMAS G.,	Cadet, R.E.

LODGE 250, DUBLIN.

	BALL, CHARLES P.,	Major, R.A.M.C.
	BIRCH, ALFD. G., O.B.E.,	Major, Gen. Staff.
	COONEY, FRAS. C. C.,	2nd Lieut., R.F.A.
	CROFTON, WILLIAM M.,	Captain, R.A.M.C.
	DROUGHT, VICTOR G. L.,	Capt., R.A.S.C.
†	GORDON-SMITH, W. McL.,	Captain, Indian Army.
	HICKEY, GEORGE K.,	L. Corporal, R.E.
	JACKSON, WM. E. M.,	Corporal, H.A.C.
†	JOHN, HERBERT V.,	2nd Lieut., Y. & L. Regt.
	JOHN, PERCY R.,	Lieut., R.W.F.

* Killed, Missing or Died.   † Wounded or Gassed.

ROLL OF HONOUR.

LODGE 250, DUBLIN—contd.

LAWRENCE, SAML. H.,	Major, R.D.F.
LONGWORTH, WM. G. E.,	Capt., Nigeria Regt.
MARKS, AUBREY K.,	Capt., R.A.S.C.
PEPPER, GEORGE E.,	Capt., R.A.M.C.
PEYTON, JOHN H.,	Lt.-Col., R.A.S.C.
RILEY, ARCH. R.,	Capt., R.A.S.C.
ROSS, GEORGE M.,	Eng., C.R.C.C.
STRAHAN, G. E., D.S.C.,	Surg. Sub.-Lt., R.N.V.R.
STUDDERT, GEORGE H.,	Captain, R.A.S.C.
† TRIMBLE, REG. S.,	Lieut, R.E.
WILSON, G. H. B., M.C., A.F.C.,	Capt., R.A.F.
WOODS, Rev. FREDK. W.,	Chaplain, R.N.

LODGE 251, STRABANE.

ABERCORN, HIS GRACE THE DUKE OF,	Captain.
ADAMS, WM.,	Sapper, R.E.
BAILLIE, JOHN R.,	Colonel.
BAIRD, JOHN,	R.F.C.
BRITTON, THOS. C.,	Major, R.A.M.C.
* BRITTON, WM. K. M.,	Lieut., R.A.F.
* GRAY, JOHN PURVIS,	Sergeant.
HAMILTON, G., D.S.O.,	Lt.-Colonel.
* HAMILTON, LORD JOHN,	Captain.
HERDMAN, E. C.,	Major.
HILL, JOHN McADAM,	Capt., R.A.M.C.
SERVICE, DAVID,	Lieut.
* WEIR, JOHN,	Captain.
WILSON, IRVINE B.,	Lieut.

LODGE 252, OLDCASTLE.

McCREADY, WILLIAM A.,	Lce.-Corporal.

* Killed, Missing or Died.   † Wounded or Gassed.

ROLL OF HONOUR.

LODGE 253, BELFAST.

DAY, WILLIAM,	Sergt., R.A.S.C., M.T.
DONOVAN, THOMAS,	Sergeant, R.B.
EWING, JOHN, M.M.,	Lieut., London Irish.
MAGOWAN, GEORGE,	P.O., R.N.
MAGUIRE, WM.,	B.Q.M.S., R.F.A.
MAXWELL, W. F.,	Capt., R.I.R.
ROSS, GEORGE V.,	Corporal, R.I.F.

LODGE 254, HOLYWOOD.

ALLEN, LOWRY B.,	Lieut., R.D.F.
*BEATTY, WILLIAM J.,	Major, R.G.A.
CHARLTON, GEORGE A.,	Lieut., Sth. Staffs.
CLARK, HARRY,	Sergt., R.A.M.C.
CRICHTON, DAVID,	Capt., R.A.S.C.
ERSKINE, CLIFFORD G.,	Private, N.Z. Regt.
FIGG, CHARLES A.,	Lt. & Q.M. R.A.M.C.
FRANKS, WILLIAM J.,	Staff S.M., R.A.S.C.
GILBERT, WILLIAM,	Sergt., A.G.S.
*GILHAM, ROBT. WM.,	Sergt., Norfolk Regt.
HARDING, WILLIAM T.,	C.Q.M.S., Somerset L.I.
*HAYMES, ARTH. FRAS.,	S.M., Norfolk Regt.
HENDERSON, GEO. G.,	2nd Lieut., R.I.R.
*HUNT, CHARLES,	Captain, R.B.
JOUGHIN, JAMES U.,	Sergt., Norfolk Regt.
KENNEDY, EDWIN R.,	Captain, R.I.R.
MORRISON, JOHN R.,	Sergeant., R.B.
PICKETT, BERTRAM A.,	S.M., R.I. Fus.
RYE, WILLIAM N.,	Sergt., Norfolk Regt.
TAYLOR, WALTER,	Lieut. & Q.M., R.F.C.
THORNE, GILBERT,	C.S.M., Somerset L.I.
TURRELL, FREDK. R.,	Sergt., Norfolk Regt.
WHYMAN, WALTER,	Sergeant, R.B.

* Killed, Missing or Died.   † Wounded or Gassed.

ROLL OF HONOUR.

LODGE 255, BELFAST.

ALLEN, WILLIAM,	Bandmaster.
CRAIG, JOHN M.,	Sergeant.
DOWNING, ALEX.,	Private.
* DOWNING, JAMES,	2nd Lieut.
GREBBELL, FREDK. W.,	Corporal.
HOUSTON, JOHN,	Sergeant.
HOUSTON, LEWIS,	Corporal.
JOHNSTON, WILLIAM J.,	Sergeant.
* O'NEILL, JOHN T.,	Captain.
SIMPSON, WILIAM,	Private.
STARKS, JOHN A.,	R.S.M.
UPRICHARD, GEO. D.,	R.Q.M.S.

LODGE 256, DONEMANA.

CALLAGHAN, ROBT. H.,	Private.
DUNN, ALEXANDER,	Private.
* GATCHELL, CECIL, M.C.,	Capt., R.A.M.C.
HASLETT, JAMES,	Private.
McNAMEE, JOHN, M.M.,	Private.
PORTER, HARRY H.,	Sergeant.
PORTER, ROBERT,	1st Air Mechanic
THOMPSON, DAVID McC.,	Private.

LODGE 258, BELFAST.

DUNCAN, ISAAC J.,	Captain, I.W.T.
GRAY, WILLIAM,	Private, R.A.M.C.
JONES, HENRY,	Sergt., R.I.R.
* LATIMER, JAMES,	S.M., R.I.R.
† LORD, CHRISTOPHER,	Corporal, I.G.
McCALLIN, JAMES,	Sergt., O.C.C.
McNEILL, HENRY,	Corporal, R.I.R.
McNEILANCE, SAMUEL,	Trooper, N.I.H.
NEELY, GEORGE,	Private, I.G.
THOMPSON, ROBERT,	Q.M.S., R.A.S.C.

* Killed, Missing or Died.   † Wounded or Gassed.

ROLL OF HONOUR.

LODGE 259, BELFAST.

    BUTTEN, HENRY,   R.N.
* CHESTER, HENRY,   S.M.
    CULLEN, WILLIAM H.,   Sergeant, R.I.F.
    FYFE, HENRY,   Sergeant, R.I.F.
    HOBSON, JOHN,   Lieut., R.A.S.C.
    HOPKINSON, H. B.,   Q.M.S.
    LITTLE, H. J.,   R.E.
    LODGE, JOSEPH,   S.M., R.A.S.C.
    MACAULAY, W. J.,   P.O., R.N.
* MILLS, JOHN R. S.,   Lieut.
    O'LONE, JOHN,   S.M., R.I.R.
* O'LONE, ROBT. J.,   S.M., R.I.F.
    RITCHIE, DAVID,   Sergeant, R.I.F.
† STERRETT, W. J.,   Corporal, R.I.R.
    VEAL, J. D. D.,   S.M., R.A.S.C.
    WALKER, JOHN J.,   Lieut., South Africans.
    WELDON, CLYDE K.,   Capt., R.I.R.
    WOODFORD, CHRIS.,   S.M., R.A.S.C.

LODGE 260, BALLYCARRY.

    BOYD, ROBERT,   R.N.R.
* DICK, WILLIAM,
    DONNAN, JOHN,   Lieut., R.N.
    HAWTHORNE, ALLEN E.,   Lieut., R.N.
* HAWTHORNE, JAMES,
* HILL, JAMES,
* McKAY, WILLIAM,
* MACAULEY, ROBERT,
* ROSS, GEORGE,
* WILSON, WILLIAM,
* WOODSIDE, THOMAS,   R.N.R.

* Killed, Missing or Died.   † Wounded or Gassed.

ROLL OF HONOUR.

LODGE 261, DALKEY.

BOLTON, SAMUEL H.,	Capt., R.A.S.C.
CARNEGIE, WM. C.,	Dr. A.C.
CRAIG, DAVID,	2nd Lieut., R.A.F.
GICK, CHARLES H.,	2nd Lieut., T.F.
GICK, THOMAS M.,	Lieut., Liverpool Regt.
† KING, WM. L., D.C.M., M.C.	Capt., S.A. Regt. Mentd.
MANNERS, KENNETH J.,	Lieut., R.N.R.
† O'KEEFFE, ARTHUR J.,	Lieut., R.N.V.R.
† PERRIN, THOMAS F.,	Lieut., R.I. Regt.
PERRIN, ARTHUR V.,	R.M.S.V.
† PERRIN, OLIVER D., B.L.,	Lt., S.A. Inf. & R.A.F.
PHILLIPSON, R. B.,	Lieut., C.R.
POTTER, THOS. J., O.B.E.,	Colonel, R.A.M.C.
RUDDOCK, JAMES E.,	Lieut., R. Innis. F.
SCOTT, CHARLES B.,	Surgeon, R.N.
SEALE, ARTHUR H.,	Lieut., R.A.S.C.

LODGE 262, BELFAST.

CRAIG, HENRY E.,	2nd Lieut.
ELLIOTT, CHRIS. J.,	Corporal.
GLASS, JOHN B.,	Lieut.
GOLD, DAVID A.,	L. Corporal.
HARRISON, JOHN S.,	Lieut.
HOLMES, JOHN McK.,	Lieut., R.N.R.
* JARMAN, ANDREW H.,	2nd Lieut.
LILBURN, HARRY K.,	Private.
LINDOP, CHARLES,	Bugle Major.
McCOMB, SAML. W.,	Lieut., R.A.M.C.
* MALONE, BRISTOW M.,	2nd Lieut.
TYRRELL, WILLIAM A., D.S.O., M.C.	Lieut.-Col. R.A.M.C.
WATTY, HENRY J.,	Eng. Lieut., R.N.R.

* Killed, Missing or Died. † Wounded or Gassed.

ROLL OF HONOUR.

LODGE 264, BELFAST.

BELL, THOMAS, M.M.,	Corporal, Police.
CLERK, PETER,	Private, S.A. Scottish.
FENNING, THOMAS,	Private, N.S.W.N.
IRWIN, ROBERT,	Private, Canadians.
KERR, JOHN G.,	Private, R.N.
LARMOUR, JAMES,	Private, R.N.A.S.
LIVINGSTONE, JAMES,	Sergt., R.A.S.C.
PARKINSON, SAMUEL,	Private, R.I.R.

LODGE 265, JEPPESTOWN.

CAWDLE, H. T., D.C.M,.	Lce.-Corporal.
*GRAVENOR, ALFRED O.,	Private.
THOMPSON, JOHN McC.,	Trooper.
*THOMSON, JAMES,	Trooper.
WEIR, JOSEPH,	Trooper.

LODGE 266, BALLYMACARRETT.

BALLARD, JAMES,	Private, R.A.M.C.
CARSON, ALBERT E.,	E.R.A., R.N.R.
CARSON, JOHN,	C.W. Eng., R.N.R.
GRAHAM, JOHN,	Corporal, R.A.M.C.
*HASTINGS, ALEX.,	Private, R. Innis. F.
REID, ROBERT,	C.S., R.N.R.

LODGE 267, LISBURN.

ALLEN, JAMES, Junr.,	Corporal, Canadians.
CHAMBERS, JAMES ORR.	Sergeant., R.I.R.
CREGAN, JOSEPH E.,	Sergeant, C.A.M.C.
LOGAN, SIMON, M.C.,	Lieut., R.I.F.
MORRISON, SAMUEL,	Sergt., R.A.S.C., M.T.
ROSBOTHAM, STEWART,	Sergt., R.I.F.
SMYTH, HUGH,	Sergt., R.I.R.
WARING, SAMUEL, D.C.M.,	S.M., M.G.C.
WOODS, JOHN A.,	Captain, R.A.F.
WOOLMAN, ERIC J.,	Private, R.A.S.C., M.T.

* Killed, Missing or Died.   † Wounded or Gassed.

ROLL OF HONOUR.

LODGE 268, LIMERICK.

BRUCE, GEORGE B.,	Private, R.D.F.
GOODWIN, ALFRED E.,	Lieut., I.W.T.
HANSFORD, THOMAS,	Lieut., R.F.A.
LAIRD, HARRY S.,	Capt., R.A.M.C.
MURRAY, ALFRED S.,	Capt., Lincs. Regt.
WINTER, EDWARD C.,	Capt., A.V.C.

LODGE 269, DUBLIN.

BILLINGTON, FRAS. H.,	Capt., S.I.H.

LODGE 270, ENNISCORTHY.

BRYAN, LOFTUS A.,	Lt.-Col., R.F.A. Mentd.
BRYAN, ANTHONY L.,	Capt., R.A.F.
JACKSON, JOHN W. E.,	Lieut., R.A.S.C.
MEREDITH, EDWARD V.,	Lieut., R. W. Regt.

LODGE 271, LETTERKENNY.

ASH, WILLIAM T., M.M.,	S.O., R.N. Wireless.
BOYD, GEO. T.,	Sergt., Canadians.
CONNOR, PATRICK,	Coastguard, R.N. W'less.
† CORRY, SAMUEL B.,	Corpl., R. Innis. F.
CURRY, WILLIAM J.,	Q.M.S., R.G.A.
DUFFY, JOSEPH S.,	Sapper.
HOROBIN, ALFRED J.,	Captain, D.L.I.
INGRAM, CHARLES,	S.M., R.G.A.
McCLEAN, FRANCIS G.,	Sergt., N.I.H.
NEELY, ALEXANDER,	Sapper, R.E.
⁕ RUSSELL, JOHN A.,	Sergt., Canadians.
SCOTT, WILLIAM,	Private, R.A.F.
SMYTH, HUGH E.,	R.N.R.
TEASE, FINDLEY G.,	Sergt., Canadians.

* Killed, Missing or Died. † Wounded or Gassed.

ROLL OF HONOUR.

LODGE 272, BELFAST.

HENDERSON, JOHN M.,	Major, R.I.R.
HEWITT, JOHN,	Eng., R.N.V.R.
IRWIN, ALEXANDER,	Private, R.I.R.
KERR, THOMAS J. H.,	Corporal, R.E.
LEIGHTON, ROBERT H.,	Private, Canadians.
MAXWELL, JAMES W.,	Private, R.A.S.C.
WALLACE, JOHN,	Q.M.S., R.I.R.

LODGE 273, MALTA.

ADAMS, ROBERT J.,	C.E.R.A., R.N.
ARMOUR, ANDREW,	W.O., R.N.
*BARKER, REGINALD,	E.R.A., R.N.
BAZELEY, GORDON H.,	Electrical Art., R.N.
BELL, THOMAS H.,	E.R.A., R.N.
BLAKE, FREDK. C.,	Sergt., R.E.
BOWKER, FREDK. J.,	S.S.M., W'gton Regt., N.Z.
BRADLEY, LOUIS,	C.P.O., R.N.
BRIGHT, ERNEST J.,	C.P.O., R.N.
BROMIDGE, W. H., D.S.M.,	C.P.O., R.N.
BRYANT, RICHD. W.,	C.P.O., R.N.
CHARLEY, EDWIN	E.R.A., R.N.
CLINCH, HERBERT,	P.O.I., R.N.
COFFILL, JAS. W. A.,	P.O.I., R.N.
CURTISS, ERNEST F.,	P.O.I., R.N.
DACK, EDWIN,	E.A., R.N.
DARK, JOSEPH,	P.O., R.N.
DAVIS, SAMUEL G.,	P.O., R.N.
DAVIS, FREDERICK,	E.R.A., R.N.
DENYER, CHAS. F.,	E.A., R.N.
DOLLIMORE, PERCY S.,	Writer, R.N.
DOWLING, H. C.,	S. Steward, R.N.
DYMOND, CECIL,	C.P.O., R.N.
*DYMOND, ERNEST G.,	C.E.R.A., R.N.

* Killed, Missing or Died.　† Wounded or Gassed.

ROLL OF HONOUR.

LODGE 273, MALTA—contd.

FOTHERINGHAM, W. J. R.,	Eng., R.F.A.
FOX, HERBERT E.,	E.R.A., R.N.
GENAWAY, FREDK.,	P.O.I., R.N.
GILES, FREDK. J.,	Schoolmaster, R.N.
GROCOCK, GEORGE,	E.R.A., R.N.
HAMILTON, GEORGE,	Gunner, R.N.
HEDDLES, T. M., O.B.E.,	Lieut., R.N.R.
HOGG, RICHARD H.,	P.O.I., R.N.
* JENKIN, PERCY H.,	E.R.A., R.N.
JENKIN, THOS. V.,	Elect. Art., R.N.
JULIER, ALFRED G.,	Gunner, R.N.
KENTSBEER, JOHN J.,	W.O., R.N.
* LAKEY, JOHN,	C.E.R.A., R.N.
LAMB, CHARLES B.,	E.R.A., R.N.
* LAUNDRY, ALFRED E.,	P.O.I., R.N.
MacEVOY, GEORGE E.,	C.E.R.A., R.N.
MacPHERSON, JOHN S.,	W.O., R.N.
MIDDLETON, ALFRED,	E.R.A., R.N.
MILLER, JOHN A.,	C.E.R.A., R.N.
MOORE, ALFRED S.,	P.O.I., R.N.
MOUNT, GLADSTONE H.,	E.R.A., R.N.
* NIXON, HAROLD J.,	Engineer, R.F.A.
NORRIS, WILFRED,	Elect. Art., R.N.
OSBORNE, ARTHUR E.	Carpenter, R.N.
PAINE, CYRIL V.,	E.R.A., R.N.
PERREN, HARRIE,	P.O., R.N.
PHILLISKIRK, WM. D,	C.E.R.A., R.N.
* ROBINSON, JAMES T.,	Engineer, R.F.A.
SIMPSON, IRWIN E. P.,	Officer, R.F.A.
SKINGSLEY, ARTHUR.	P.O., R.N.
SMITH, FREDK. J.,	S.B. Steward, R.N.
SUTTON, GRIFFITH O.,	C.E.R.A., R.N.
TALLACK, CHARLES F.,	Shipwright, R.N.
WILLIAMS, FRANK V.,	C.M., R.A.F.
YATES, ROBERT G.,	C.P.O., R.N.

* Killed, Missing or Died. † Wounded or Gassed.

ROLL OF HONOUR.

LODGE 274, BELFAST.

*ADAIR, JOHN T.,	Lieut.
AITKEN, ROBERT,	Private.
BLAIR, ALBERT E.,	2nd Lieut.
BUCHANAN, ROBT. J.,	Captain.
CAIRNS, JOHN,	Private.
FREW, PHILIP W.,	2nd Lieut.
*McLAURIN, ROBERT,	Lieut.
MEMBRY, ARTHUR,	Major.
*MERCER, ANDREW R.,	Lieut.
NICHOLLS, GEO. A. W.,	Sub Lieut., R.N.V.R.
*PATON, NORMAN G.,	Sub Lieut., R.N.V.R.
POLLOCK, ROBT. D.,	Captain.
SHERRIFF, WALTER H.,	Lieut.
SINCLAIR, SAMUEL,	
*SINTON, EDWIN, M.C.,	Captain.

LODGE 275, BELFAST.

ALLEN, ROBERT J.,	Lieut., R.N.
*BLAKLEY, ROBERT,	Private, R.I.R.
HAYES, WILLIAM,	Private, R.A.M.C.
HEATH, EDWARD,	Lieut., R.A.M.C.
JACKSON, JAMES,	Lieut., R.I.R.
KENNEDY, ALEX.,	Private, R.I.R.
McILHAGGA, SAMUEL,	Canadians.
MILLIKAN, ROBERT,	Eng., R.N.
NICHOLSON, JOHN,	Sergeant, R.I.R.
NOBLE, JAMES E.,	Lieut., Cheshire Regt.
REID, JOHN,	Carpenter, R.N.
TATE, JOHN,	Sergeant, R.I.R.
THOMPSON, SAMUEL D.,	Sergeant, B.W.

*Killed, Missing or Died.   †Wounded or Gassed.

ROLL OF HONOUR.

LODGE 276, STRAID, BELFAST.

*DOUTHER, ARCH.,	S. Sergt., Canadians.
†YOUNG, ANDREW W.,	Private, R.I.R.

LODGE 278, BALLYNAFEIGH.

DOBSON, JOHN J.,	Captain, R.I.R.
WILLIAMSON, WM. A.,	Lieut., R.N.

LODGE 280, MOYARGET.

GETTY, JOHN B.,	Lieut., R.I.R.
HARTIN, JOSEPH,	Private, Americans.
HENRY, JAMES L.,	Private, R.A.M.C.
HODGES, JOHN,	Corporal, N.I.H.
McCOOK, RICHARD,	Private, R.E.

LODGE 281, ST. JOHNSTON.

†GLENN, JOHN J.,	Capt., R. Innis. F.
McCAUSLAND, JOSEPH	Captain, R.A.M.C.

LODGE 282, CARRICKFERGUS.

BLACKBURNE, JAMES,	Lieut.
BYRTT, WILLIAM,	
FORSYTH, ALEX.,	Captain.
HILL, FREDK. G.,	Captain.
JOHNS, TYNDALL S.,	Captain.
*JOHNSTON, R. IVAN,	Lieut.
*LEMON, ARCHD. D.,	Lieut.
MILLAR, WILLIAM H.,	Lieut.
MORRISON, ROBERT,	Sergeant.
PATTON, EDWIN M.,	Cpl., Despatch Rider, R.E.
SPARROW, JOS. J. K.,	Lieut.
THWAITES, THOMAS,	Sergeant.

* Killed, Missing or Died.   † Wounded or Gassed.

ROLL OF HONOUR.

LODGE 283, BALLYMACARRETT.

† BOLTON, ROBERT,	Sergt., Indian A.P.
† COBURN, MOSES,	Lance Corporal.
* CRAWFORD, THOS. J.,	P.O., R.N.
HEAYBERD, HAROLD F.,	S. Sergeant.
KENNEDY, WILLIAM J.,	Sergeant, N.F.
McKEOWN, ROBERT,	Private, Canadians.
† O'NEILL, ROBT. A.,	Captain, U.D.
† RICKERBY, JOHN H.,	Private, R.I.R.

LODGE 285, BELFAST.

* DONOVAN, JOHN C.,	Sergeant.
GREER, SAMUEL H.,	C.S.M.
* HOUNSON, ALBERT G.,	Sergeant.
KERR, ROBT. J.,	Chief Eng., R.N.R.
* McCONNELL, ISAAC,	Private.
McLARDY, ANGUS,	2nd Lieut.
McNAUGHT, ANDREW,	Private.
* SCOTT, WILLIAM J.,	Private.
WILSON, WM. J.,	Gunner, R.N.

LODGE 286, BANGOR.

BARRETT, NORMA J.,	Sub-Lieut., R.N.R.
BARRETT, ERNEST W.,	Capt., R.A.F.
BARRETT, KNOX G.,	Lieut., R.F.A.
SCOTT, WILLIAM,	P.O., R.N.

LODGE 287, BALLYSHANNON

ALLEN, JAMES H.,	C.S.M., R.I.F.
BARNETT, JOHN B.,	Lieut., R. Innis. Fus.
BINFIELD, ALBERT G.,	R.Q.M.S., R. Innis Fus.
BOYLE, WILLIAM,	Sergt., R. Innis. Fus.
BROWNE, THEODORE V.,	Lieut., R. Innis Fus.

*Killed, Missing or Died. † Wounded or Gassed.

ROLL OF HONOUR.

LODGE 287, BALLYSHANNON—contd.

BULLOCK, S. M.C.,	C.S.M., R. Innis. Fus.
BUSTARD, ROBERT C.,	Lieut. K.L. Regt.
CAIRNS, WILLIAM,	Sergt., R. Innis Fus.
CALDWELL, HUGH	Sergt., R. Innis Fus.
CLARKE, ALEX.,	Sergt., R. Innis Fus.
DALE, JOHN,	Sergt., R. Innis. Fus.
EVANS, THOMAS,	Major, West Yorks.
FERRALL, ROBERT H.,	Lieut. R.I.R.
FLOOD, JOHN D.,	Major, Indian Army.
FRECKELTON, WM.,	Private, Royal Fus.
GRAHAM, WM. H.,	Corporal, R. Innis. Fus.
GUTHRIE, PATRICK S.,	Lieut., R. Innis. Fus.
HAMILTON, HARRY W.,	Major.
* HAMILTON, JOHN,	Lieut., R. Innis. Fus.
HARRON, WM. J.,	Lieut., C.H.
HUNTER, FREDK. J.,	Sergt., R. Innis. Fus.
HUTCHMAN, ALEX.,	C.Q.M.S., R. Innis. Fus.
ILIFFE, WILLIAM,	Sergt., R. Innis. Fus.
JOHNSON, THOS. G.,	Lieut., R. Innis. Fus.
JORDAN, JAMES A.,	C.Q.M.S., R. Innis Fus.
KING, STANHOPE L.,	Lieut., R. Innis. Fus.
LAMB, ADAM D.,	Sergt., D.C.L.I.
* LIPSETT, WILLIAM A.,	Private, Canadians.
McCOMB, CHARLES H.,	Lieut., R. Innis. Fus.
McINTYRE, SAMUEL,	Sergt., R. Innis. Fus.
McKILLOP, DAVID,	Sergt., R. Innis Fus.
McWHIRTER, JOHN R,	Lieut., R. Innis. Fus.
MANDER, REGINALD,	Major, D.C.L.I.
MONRO, GEORGE,	Sergt., R. Innis. Fus.
MONTGOMERY, WM.,	Sergt., R. Innis. Fus.
MYLES, J. S., M.C.,	Major, R. Innis. Fus.
NAYLOR, CYRIL FRANK, M.C,	Major, R.A.S.C.
NOBLE, WILLIAM,	Q.M.S., R. Innis. Fus.
O'DONNELL, REV. H.,	Capt., C.F.
PEDDIE, R. MATHIESON,	Lieut., R. Innis. Fus.

* Killed, Missing or Died. † Wounded or Gassed.

ROLL OF HONOUR.

LODGE 287, BALLYSHANNON—contd.

RAY, ROBERT E.,	P.O., R.N.
REA, S. D.,	Lieut., R. Innis. Fus.
SIMPSON, THOMAS A.,	Sergt., R. Innis. Fus.
SMITH, ARTHUR E.,	Sergt., D.C.L.I.
STALLARD, FRANCIS,	Capt., D.C.L.I.
WEBSTER, WILLIAM J.,	C.Q.M.S., R. Innis Fus.
WHITE, JAMES,	Major, R.A.S.C.
WHITE, ROBT. R.,	Major, R. Innis. Fus.
WHYTE, JAMES,	R.S.M., R. Innis. Fus.
WRIGHT, REV. J. J., M.C.,	Major. C.F.
YOUNG, R. OSBORNE,	Lieut., R. Innis. Fus.

LODGE 288, MARAISBURG.

BOTHA, STEPHEN J.,	Private.
CAMPBELL, KENNETH,	Private.
CLEGG, HENRY C.,	Q.M.S.
COBB, ANDREW,	Sapper.
HARNETT, JOHN B.,	Private.
* McDONALD, ALEX.,	Private.

LODGE 291, BELLAGHEY.

AGNEW, JAMES,	Private.
AGNEW, THOS.,	Private.
ANDERSON, JAMES,	2nd Lieut.
ARRELL, ROBT. J.,	Private.
COCHRANE, HUGH,	Lieut.
DAVISON, JOSEPH,	Private.
† DAVISON, ANDREW,	Private.
DYSART, ARCHIE,	Private.
* GILMORE, WM.,	Private.
HENRY, SAMUEL,	Sergeant.
LINDSAY, FRED,	Corporal.
McCAW, JAMES,	Private.
† McCREA, HAROLD,	Private.

* Killed, Missing or Died.   † Wounded or Gassed.

ROLL OF HONOUR.

LODGE 291, BELLAGHEY—contd.

McCULLAGH, ROBERT J.,	Private.
*McCULLAGH, WM.,	Private.
McELROY, JAMES,	Private.
*McELROY, WILLIAM,	Private.
McMILLAN, ROBERT,	Private.
McNAUGHT, GEORGE,	Private.
McNAUGHT, ROBT., M.M.,	Private.
*MARTIN, CHARLES,	Private.
MAXWELL, SAMUEL,	Private.
NORWELL, JAMES,	Corporal.
OVEREND, ROBT., M.M.,	Private.
OVEREND, W., M.M.,	Private.
†OVEREND, WM. J.,	Private.
THOMPSON, GEORGE,	2nd Lieut.
WELSH, HARRY,	Corporal.

LODGE 292, PIETERMARITZBURG.

FOSTER, BERTIE G.,	S.S.
LEIGHTON, WM. T.,	Sergeant.
McCARTHY, JEFFRAY,	Captain.
NEILSON, OLAF,	Sergeant.
OSBORNE, THOS.,	Sergeant.
PATRICK, WILLIAM C.,	Private.
PICKUP, JOHN,	S.S.
TUBB, ROBERT C.,	E.R.A., R.N.
WATERMAN, FREDK. E.,	Sergeant.
WATERS, WM. D.,	Private.
WOOD, S. V.,	Private.

LODGE 294, BELFAST.

BAXTER, WM. JOHN,	L.S., R.N.
JOHNSTON, THOS. J.,	Sergt., School of Musketry.
JORDAN, JOHNSTON,	Capt., R.I.R.
MOORE, RICHARD,	Cadet, R.I.R.

* Killed, Missing or Died.   † Wounded or Gassed.

ROLL OF HONOUR.

LODGE 294, BELFAST—contd.

PAKE, THOS.,	Trooper, N.I.H.
PARKES, THOS.,	C.S.M., R.I.R.
REA, WM.,	S.M., R.F.A.
STEWART, HAMILTON,	Corporal, R.I.R.
WALKER, ROBERT,	Gunner, R.G.A.
WHITE, HENRY E.,	Lieut., R.I.R.
WILLIS, JAS. D.,	Lce.-Corporal, R.I.R.

LODGE 295, DRAGOON GUARDS.

ADAMS, GEORGE,	S.S.M.
ANSTEY, HAROLD M.,	S.Q.M.S.
*ATTENBOROUGH, JOHN,	R.S.M.
BECKETT, FREDK. G.,	Lieut.
BEECHAM, ALBERT E.,	Q.M.S.
BELL, L.,	F.Q.M.S.
BESWICK, FRAS. H. J.,	Army School Master.
BLAKELEY, ROBERT J.,	S.S.M.
BODDY, HENRY G.,	Sergeant.
BROWN, EDWARD T.,	S.S.M.
BROWN, WALTER,	Brig. Genl., Canadians.
CALLON, ALFRED C.,	S.S.M.
CANNON, ALEX. R.,	Sergeant.
CAPON, FREDK. C.,	Lieut.
CARSON, SAMUEL H.,	Lieut.
CLARK, S. J.,	Sergeant.
CLIST, JOHN J.,	Q.M.S.
COLE, ALFRED,	S.S.M.
DARCH, LEONARD,	R.S.M.
DARCEY, PATRICK J.,	Sergeant.
DARLEY, CHARLES E.,	Sergeant.
DIGGORY, CHARLES,	Major.
DUCKETT, JOHN J. W.,	Sergeant.
DUKES, WILLIAM H.,	S.Q.M.S.

* Killed, Missing or Died.   † Wounded or Gassed.

ROLL OF HONOUR.

LODGE 295, DRAGOON GUARDS—contd.

EDWARDS, EDWD. J. P.,	Bandmaster.
EVANS, PERCY,	Sergeant.
FRAZER, DONALD,	Q.M.S.
FRYER, GEORGE R.M.,	S.S.M.
FULLER, EDWARD M.,	S.S.M.
GARDNER, WILLIAM P.,	Sergeant.
GEDGE, M. A.,	Sergeant.
GIBBS, JAMES E.,	S.Q.M.S.
GILES, ARTHUR E.,	S.Q.M.S.
GILMORE, HENRY,	Farrier Q.M.S.
GRAY, J. O.,	Sergeant.
GRIFFIN, THOMAS,	
GUESS, WILLIAM,	Sergeant.
HAICK, SIMON C.,	R.S.M.
HAMILTON, GEORGE,	Q.M.S.
HARRIS, THOMAS,	Q.M.S.
HARRINGTON, GEO. W.,	Sergeant.
HARRISON, JAMES T.,	R.S.M.
HELSDON, CHARLES L.,	S.S.M.
HILL, WILLIAM G.,	Captain.
HOPKINS, JAMES W.,	S.Q.M.S.
HOWLETT, H., D.C.M.,	S.S.M.
HUDSON, THOMAS W.,	S.S.M.
*HUNT, ARTHUR,	Lieut.
HURDITCH, W. J.,	Sergeant.
*JOHNSTONE, W.,	Sergeant.
KEEFE, ERNEST,	Captain.
KELLY, C. H.,	Sergeant.
KEYS, GEORGE E.,	Q.M.S.
LAKE, WILLIAM H.,	R.S.M.
LATILLA, WILLIAM H.,	S.S.M.
*McFARLANE, ROBERT C.,	Sergeant.
McGILLICUDDY, ROSS,	Lt. Colonel.
McKEE, THOMAS,	S.S.M.
MAKEPEACE, JOHN W.,	Sergeant.
MALCOLMSON, BERND.,	S.Q.M.S.

* Killed, Missing or Died.   † Wounded or Gassed.

ROLL OF HONOUR.

LODGE 295, DRAGOON GUARDS—contd.

MANNING, ROBERT,	Captain.
MANSER, JAMES H.,	Sergeant.
MATTHEWS, JOHN W.,	Sergeant.
MERRYWEATHER, A. J.,	Sergeant.
MONNEY, FREDK. W.,	S.S.M.
MOORE, HARRY,	S.S.M.
MORRISON, SAMUEL,	Captain, C.F.
NICHOL, JAMES A.,	Captain.
O'NEILL, EDWARD D.,	S.S.M.
OWEN, WILLIAM T.,	Sergeant.
PADFIELD, FRANK,	S.S.M.
*PEGLER, ARTHUR J.,	Sergeant.
PENNYCUICK, T., M.C.,	C.S.M.
PETER, FRED H., D.S.O., M.C.,	Lieut. Col.
REYNOLDS, F. C.,	S.S.M.
RODDES, CHARLES,	Sergeant.
ROSE, THOMAS,	S.S.M.
RUTHERFORD, JAMES,	S.S. Farrier.
SHNABLE, FREDERICK,	R.S.M.
SPENCER, WILLIAM F.,	Captain.
STAY, HERBERT W.,	Lieut.
STEEL, HENRY, D.C.M.,	S.S.M.
SYKES, COLLINGWOOD,	S.Q.M.S.
*TALBOT, F. C.,	R.S.M.
TAYLOR, RICHARD L.,	S.S.M.
TAYLOR, WILLIAM H.,	Sergeant.
THORNLEY, JOHN C.,	S.S.M.
*THWAITES, M.,	Lieut.
TITCH, FREDERICK W.,	Sergeant.
TRUMP, WALTER,	Sergeant.
TURNER, WILLIAM H.,	S.Q.M.S.
UPTON, J.,	Farrier Sergt.
VAUGHAN, T. J.,	Sergeant.
VESEY, CHARLES,	S.S.M.
VINEY, FREDERICK,	R.S.M.

* Killed, Missing or Died. † Wounded or Gassed.

ROLL OF HONOUR.

LODGE 295, DRAGOON GUARDS—contd.

WALTER, ARTHUR,	Captain.
WEAR, WILLIAM W.,	S.S.M.
WHINES, HERBERT,	Sergeant.
WHITE, ROBERT,	R.S.M.
WHITEHOUSE, ANDW.,	S.S.M.
*WHITEMAN, EVELYN G.,	Sergeant.
WILLIAMS, JOSEPH,	R.S.M.
WILSON, WILLIAM R.,	Captain.
WINTER, GEORGE,	Sergeant.
WOODRUFF, EDWD. W.,	Sergeant.
WORLOCK, EDWARD G.,	Lieut.

LODGE 296, BANBRIDGE.

DERBY, HUGH G.,	Sergeant, Canadians.
†ELLIOTT, GEO.,	Sergt., R.I.R.
†ELLIOTT, JAS. F.,	Q.M.S., M.G.C.
†ENGLISH, THOMAS,	Private, K.O.L.R.
*FINNEY, JOHN, M.C.,	Lieut., R.I.F.
GREENAWAY, ANDREW,	Corporal, G.D.
†LARMOUR, FRANK,	Sergt., R.I.R.
LAVERTY, WILLIAM,	Sergt., R.F.A.
†McNEILL, WILLIAM,	Corporal, I.D.
SCOTT, JOHN,	Private, R.I.R.
SCOTT, ROBT., D.C.M.,	Corporal, R.E.
WHITE, W. A. J.,	Army Schoolmaster.

LODGE 297, MOVILLE.

KANE, ROBERT,	R.N.
LEPLAR, ABRAHAM,	Coast Patrol.
MARSH, HARRY,	R.A.F.
MONTGOMERY, Rev. J. J.,	C.F.
SMITH, WILLIAM JOHN,	I.G.

* Killed, Missing or Died.   † Wounded or Gassed.

ROLL OF HONOUR.

LODGE 298, CEYLON.

*BUCKLE, DOUGLAS F.,	Major.
DERRY, R. C.,	Lieut.
HARTLEY, CHAS A.,	
†HORSFALL, EDWD. F.,	Lieut.
MERCER, LIONEL EYRE,	
†SHAND, WILLIAM E.,	Captain.
*SHELLEY, CECIL,	Lieut.
SMITH, JOSEPH,	Lieut.
STEWART, W. T.,	Captain.
TAYLOR, G. T.,	
WALKER, JAMES D.,	Captain.

LODGE 299, ARMAGH.

CATHCART, J. S., D.C.M.,	C.S.M.
DUNCAN, J. H.,	Lieut.
EDWARDS, GEO. A.,	Sergt., R.E.
*LATIMER, SAML. H.,	C.S.M.
MILLAR, J. H.,	Lieut.
*MULLIGAN, WM.,	Lieut.
REID, WM., M.C., D.C.M.,	Captain.
SCRAFIELD, E., D.C.M.,	R.S.M.

LODGE 301, BALLYNAHINCH.

*MARSH, JOSEPH,	2nd Lieut., R.I.R.

LODGE 302, DUBLIN.

BROWN, JOHN,	Lieut., R.I.R.
†CARTER, ROBT. W.,	Lieut., M.G.C.
DICKINSON, F.,	R.E.
HENNOT, WALTER H.,	R.A.M.C.

* Killed, Missing or Died.   † Wounded or Gassed.

ROLL OF HONOUR.

LODGE 302, DUBLIN—contd.

McMAHON, JAS. S.,	Capt. & Adj., R.D.F.
MERRIN, S.,	R.A.S.C., M.T.
SELFE, COURTNEY R.,	Lieut., R.N.R.
SELFE, EDWIN,	R.D.F.
TAYLER, R.,	H.A.C.
WARD, A. E.,	Sergt., R.E.
WILSON, WM.,	R.E.
† WILSON, SYDNEY,	Lieut., E. Surrey Regt.
† WOLFE, GEORGE F.,	Lieut., R.D.F.

LODGE 303, DUNDONALD.

COULTER, JOHN W. C.,	Captain.
GIRVAN, ALEX.,	Sergt., R.I.R.
GRAY, EDWARD T.,	R.A.S.C, Canadians.
KENNY, ALBERT A.,	Lieut.
McCLENAGHAN, HENRY,	R.I.R.
McCLENAGHAN, GEO,	R.I.R.
TAYLOR, ALBERT,	Q.M.S., R.I.R.
THOMPSON, ARTHUR,	R.N.A.S.
TODD, SAMUEL S.,	R.I.R.
WALLACE, JOHN,	Q.M.S., R.I.R.

LODGE 304, BALLYNAFEIGH.

ARMOUR, HUGH,	Private, Australians.
CORBETT, HENRY,	Seaman, R.N.
CORKEN, JOHN,	Q.M.S., R.I.R.
† JONES, WILLIAM R.,	Lieut., K.O. Regt.
McCORMICK, SAMUEL,	Lieut., R.F.
McGUINNESS, JOHN,	Sergt., R.I.R.
OFFICER, JOHN A.,	Private, Canadians.
ROSS, SAML. F., M.M.,	Sergt., R.I.R.
ROSS, IAN R. L., D.F.C.,	Lieut., R.A.F.

* Killed, Missing or Died.   † Wounded or Gassed.

ROLL OF HONOUR.

LODGE 305, BALLYNAFEIGH.

BRENNAN, CHARLES J.,	Captain, R.I.R.
† CRONNE, FRED W.,	2nd Lieut., Black Watch.
EDMONDS, JOSEPH,	S.M., R.A.S.C.
EMMERSON, THOS. W.,	Sergenat, A.V.C.
McGIMPSEY, SAMUEL,	Private, C.A.M.C.
McHENRY, JOSEPH,	Lieut., R.I.R.
SCHOFIELD, ALFRED,	Lt. & Q.M., R.I.F.

LODGE 306, BALLYMACARRETT.

ADAIR, FOSTER,	R.A.M.C.
BELL, ALFRED,	Sergt., R.I.R.
CALVERT, W. B.,	R.I.R.
CARSON, JAMES,	N.I.H.
CONNOR, JOSEPH,	R.I.R.
DAVIS, W. H.,	R.A.M.C.
GOWAY, JOSEPH,	Sergt., R.I.R.
GULLEN, R. W.,	N.I.H.
HUTCHINSON, S. B.,	R.N.R.
KELLY, W.,	Lieut., R.N.R.
* LOWE, JOHN,	R.I.R.
MacGOWAN, DAVID,	R.G.A.
QUINN, J. S.,	R.I.R.
* RODGERS, ROBERT,	R.I.R.
SPENCE, HERBERT,	Lieut., N.I.H.
WEIGHTMAN, REG.,	Lieut., Canadians.
YEATES, JAS.,	Lieut., R.N.R.

LODGE 307, ROSCREA.

BROWNLOW, T. E., D.C.M.,	Corporal, R.A.M.C.
CLARKE, C. C. B.,	Major, Cheshire Regt.
† GILLESPIE, IVOR R.,	Lieut., R.I.R.
GILLESPIE, F. S.,	Capt., R.A.M.C.
MITCHELL, R. J.,	L. Corpl., S.I.H.
MORRIS, J. W.,	Lieut., R.I. Regt.
STONEY, E. B.,	Lieut., R.A.S.C.

* Killed, Missing or Died.   † Wounded or Gassed.

ROLL OF HONOUR.

LODGE 308, BALLYMAHON.

ALLEN, JOSEPH,	Private, Canadians.
COOPER, HERBERT J.,	Private, R.A.F.
KING-HARMAN, W. A., D.S.O.,	Colonel.
† MILLER, HENRY C. D.,	Capt., R.A.M.C. Mentd.
* WILSON, HARRY D.,	Corporal, Leinsters.

LODGE 310, KILLESHANDRA.

FLETCHER, JOSEPH S.,	Private, R.A.S.C., M.T.
GIBSON, JOHN S.,	R.S. & M., R.I.R.
LYNDON, REV. C. H. P.,	C.F.
MOORE, THOMAS H.,	Lieut., C.R.
WOOD, WILLIAM H.,	Corporal, R.I.R.

LODGE 312, BELFAST.

CUMMING, SAML., D.C.M., M.S.M.	R.Q.M.S., R.I.R.
* HEWITT, HOLT M.,	Lieut., M.G.C.
LACY, EDWIN,	Sergeant, R.G.A.

LODGE 313, WHITEHEAD.

* COOKE, FREDK. ST. G.,	Private, R.I.R.
CREIGHTON, GEORGE H.,	Capt., R.A.F.
GRAY, WILLIAM,	
MAGILL, HENRY,	Private, Canadians.
MILLIKEN, ROBERT.	
MOIR, GEORGE H.,	Capt., R.N.A.S.
PARNELL, JOHN T.,	Coastguard.

* Killed, Missing or Died. † Wounded or Gassed.

ROLL OF HONOUR.

LODGE 316, AGHADOWEY.

ADAMS, THOS. A.,	Captain, R.A.M.C.
BOYD, ALFRED E.,	Private, A.P.C.
CLARKE, KENNEDY H.,	Corporal, A.C.C.
DUNN, ROBT. J.,	Private, R.A.S.C.
LINTON, ROBERT,	Sergeant, N.Z.R.
† MOON, W. J. K., M.C.,	Capt., R. Innis. F.
PATTERSON, A., M.C.,	Lieut., R. Innis. F.
RANKIN, JAMES,	Lieut., R.I.R.
ROTHWELL, BENJ. F.,	Trooper, R.A.S.C.
STEWART, WM. H.,	Capt. C.F.
TOYE, WILLIAM,	Lieut., R.N.V.R.

LODGE 317, DOAGH.

ANDERSON, THOMAS,	Sergeant, R.I.R.
BEGGS, WILLIAM,	Sergeant, R.I.R.
CROSS, BERTRAM,	Private, R.I.R.
KELLY, CHARLES,	Sergeant, R.I.R.
McNALLY, FREDK. J.,	Lieut., R.I.R.
SEMPLE, JAMES,	Private, R.I.R.
SPENCE, WILLIAM,	S. Sergt., R.A.S.C.

LODGE 318, BELFAST.

* BEATSON, JAMES,	Q.M.S., R.I.R
BLACK, SAMUEL,	Q.M.S., R.I.R.
GREEN, JAMES,	Sergeant, R.A.M.C.
KENNEDY, THOMAS,	Corporal, R.E.
MANDERSON, JAMES,	Sergeant, R.I.R.
ORR, W. J.,	S.M., R.I.R.

* Killed, Missing or Died.   † Wounded or Gassed.

ROLL OF HONOUR.

LODGE 319, BOMBAY.

EVANS, HARRY S.,	Surgeon, Hos. Ship.
JUDAH, DAVID,	Major, I.M.S.
O'BRYEN, ALFRED O. H.,	C.O., Hos. Ship.
O'CONNOR, ERNEST W.,	Com'dr., R.N.
WEBB, ALFRED C.,	Lieut., R.G.A.
WIGGER, WILLIAM,	Com'dr., R.N.

LODGE 320, CULMORE.

ACHESON, GEORGE,	Private, R.I.F.
CURRY, DAVID,	S.M., R.I.F.
GREGG, CHARLES,	Lieut., R.I.F.
McCARTER, ERNEST WM.,	Lieut., R.I.F.
MONTGOMERY, THOS.,	Sergeant, I.G.
STEVENSON, HUGH,	Private, R.I.F.
WASSON, THOMAS,	Capt., R.A.S.C.

LODGE 321, TULLAMORE.

SIMMS, JAMES,	Lieut., R. Innis Fus.

LODGE 323, BENONI.

AGNEW, ALFRED,	Private.
* FOSTER, SAML. A.,	Private.
GRIFFITHS, WM. G.,	S.M.
* LANGTON, WM. L.,	Private.
MARTIN, WM. H.,	Captain.
MOORHOUSE, JOSEPH,	Lieut.
ROSE, PATRICK N.,	Private.

* Killed, Missing or Died.   † Wounded or Gassed.

ROLL OF HONOUR.

LODGE 325, GIBRALTAR.

ANTHONY, E. J.,	Q.M.S., R.E.
ASH, A. W.,	Sergeant, R.G.A.
ASPEY, A. E.,	C.P.O., R.N.
BANKS, C.,	S.T., R.G.A.
BARNES, A. A.,	Lieut., R.A.F.
BARTON, J. H.,	S.S., R.E.
BASTABLE, A.,	C.S.M., R.E.
BATLEY, A. W.,	Eng. Lieut, R.N.R.
BATTEN, G. W.,	1st C. Steward, R.N.
BATTERSBY, C. T.,	C.E.R.A., R.N.
BAUM, A. H. L.,	C.P.O., R.N.
BENOIT, A. V.,	Sergt., R.A.O.C.
BIRTWISTLE, J.,	C.P.O., R.N.
BROWN, L.,	Wardmaster, R.N.
BROWN, W.,	P.O., R.N.
BROWNLOW, F. A.,	B.S.M., R.G.A.
BUCK, C. H.,	P.O., R.N.
BULLIMORE, A. W.,	Q.M.S., R.G.A.
BURRIS, L. W.,	C.P.O., U.S.A Navy.
CASS, J. F.,	Sergt., Cheshire Regt.
CHAPMAN, P. R.,	Lieut., N.Z.A.S.C.
CLARK, H.,	Sergeant, R.E.
CLIVE, A. H.,	Bombardier, R.G.A.
COLEMAN, N. P.,	1st C. Steward, R.N.
CONANT, P. H.,	C.P.O., U.S.A Navy.
COTTER, J.,	Sergeant, R.E.
COWAN, W. A., M.C.,	Captain, R.G.A.
CRAVEN, H.,	C.S., R.N.
CROSS, A.,	Sergeant, R.G.A.
CURTIS, E. J.,	C.P.O., R.N.
CURTIS, H. H.,	C.P.O., R.N.
DAVIES, D.,	Sergeant, R.A.M.C.
DAVIS, A. H.,	Sergeant, R.G.A.
*DELEBECQUE, F.,	C.S.M., R.E.
DESMOND, G. R.,	P.O., R.N.
DOWN, W. G.,	Master Tailor, R.S.F.

* Killed, Missing or Died.   †Wounded or Gassed.

ROLL OF HONOUR.

LODGE 325, GIBRALTAR—contd.

ELLISON, J.,	Sergeant, Cheshire Regt.
EWENS-BECKWITH, W.,	Sergeant, R.G.A.
FARMAN, W. S.,	Lt. & Q.M., Indian Army.
FISHER R. J.,	Sergeant, Cheshire Regt.
FOLLETT, W. A. E.,	L.S., R.N.
FORD, A.,	Sergeant, R.G.A.
FORDER, F.,	C.P.O., R.N.
FRANKS, H. D.,	Sergeant, R.G.A.
GAGER, H.,	C.P.O., R.N.
GILBERT, H.,	Bandmaster, Border Regt.
GILLIS, D.,	B.S.M., R.G.A.
GODDARD, J. H.,	P.O., R.N.
GODFREY, P. J.,	L.S., R.N.
GORRINGE, D.,	Sergeant, R.E.
GORSUCH, H. E.,	C.P.O., R.N.
GOSS, G. W. S.,	P.O., R.N.
GRAHAM, F. G.,	Q.M.S., R.A.O.C.
GREGGE, J. C. L.,	Bombardier, R.G.A.
HALES, W., D.C.M.,	C.S.M., R.E.
HANSON, T. G.,	Sergeant, R.G.A.
HARDING, C. H.,	C.P.O., R.N.
HARNETT, F. G.,	C.P.O., R.N.
HENRY, A. P. J.,	Lieut., R.G.A.
HIGGINS, A. E.,	Sergeant, R.G.A.
HOWIE, J.,	E.R.A., R.N.
HUDSMITH, S.,	C.P.O., R.N.
HUGHES, J. W.,	C.P.O., R.N.
JAMES, A. E.,	L.S., R.N.
JAMES, W. A.,	C.Q.M.S., Cheshire Regt.
KINGDON, A.,	R.S.M., Bedford Regt.
KINGMAN, L. C. F.,	P.O., R.N.
LAWRENCE, F.,	S.M., M.F. Police.
LEE, G.,	C.P.O., R.N.
LOWE, P.,	C.P.O., R.N.
LOWER, C. E.,	C.P.O., R.N.
LUFF, G. R.,	P.O., R.N.

* Killed, Missing or Died. †Wounded or Gassed.

ROLL OF HONOUR.

LODGE 325, GIBRALTAR—contd.

MARTIN, J. C.,	P.O., R.N.
MITCHELL, W. H.,	C.P.O., R.N.
MOFFATT, T. J.,	S.S., R.A.M.C.
*MOLLER, G. H.,	P.O., R.N. (Telegraphist).
MOORE, J.,	C.S., Norfolk Regt.
NEWMAN, E. J.,	B.S.M., R.G.A.
NORTH, F. W.,	Corporal, R.E.
PEARSON, R. W.,	Captain, R.A.S.C.
PENN, G. J.,	Capt. & Q.M., Leeds Rifles.
POPE, J. W.,	Sergeant, R.G.A.
PRITCHARD, T. C.,	P.O., R.N.
RANCE, F.,	Q.M.S., R.A.O.C.
ROBBINS, E. W.,	Corporal, R.G.A.
*ROBERTS, S.,	Capt., Staff, R.E.
ROBSON, F. A.,	S.S., R.E.
RODGERS, W.,	1st C.M.G., R.G.A.
SAMWAYS, C. W.,	W.S., R.N.
SEALEY, A. A. N.,	Captain, R.E.
SEAWARD, G. H.,	Sergeant, R.E.
SEDSTREM, E. G.,	Corporal, R.G.A.
SELF, H. A.,	M. at A., R.N.
SHEARMAN, T. L.,	C.P.O., R.N.
SKULL, F.,	Sadlr. Sergt., R.A.S.C.
SMETHURST, T.,	Sergeant, R.G.A.
SMYTH, H.,	1st C. Steward, R.N.
STALLARD, W.,	Corporal, R.E.
STILL, A.,	Lieut., R.G.A.
TAYLOR, S. W.,	Q.M.S. (I.G.), R.A.
THERIEN, W. A.,	C.P.O., U.S.A. Navy.
TURPIN, A. G.,	S.M., R.A.M.C.
WARD, W.,	C.S.M., R.E.
WHIBLEY, A.,	Corporal, R.G.A.
WILSON, H.,	Sergeant, R.G.A.
WILTON, G. de C.,	C.P.O., R.N.
YOUNG, J.,	Q.M.S., Cheshire Regt.
YOUNG, L. G. K.,	Corporal, R.G.A.

* Killed, Missing or **Died**.   †Wounded or Gassed.

ROLL OF HONOUR.

LODGE 326, BALLINDERRY.

CLOSE, J.,	Private, R.F.A.
McCULLOUGH, A.,	Lieut., R.I.F.
PEEL, M. J.,	Private, R.I.R.
WARING, L.,	Lieut., R.I.R.

LODGE 327, SHAFTESBURY.

BROWN, JOHN,	Commander, R.N.R.
COOPER, JOHN,	Lieut., R. Innis. Fus.
CRAIG, JAMES,	Colonel.
HILL, FRED J.,	Capt., R.I.R.
RYALL, WM. D.,	Capt., R.I.R.

LODGE 328, RICHHILL.

HOOKS, FRED. S.,	Sergt., Canadians.
McMAHON, WM. J. A.,	Lieut., M.G.C.
* MAY, THOS. M., M C.,	Capt., R. Innis. Fus.
* WILSON, EDWARD,	Sergeant, R.I.R.

LODGE 329, DUBLIN.

COCKBURN, T. BAKER,	S.H.
COLEMAN, TERENCE H.,	Wireless.
CONDELL, WILLIAM H.,	M.D., R.N.
FENNELL, FRANCIS,	Lieut., R.I.R.
HANAN, C. DENYS,	M.D., R.N.
† HARRIS, JOHN H. E.,	Lieut., R.D.F.
† HARRIS, NORMAN B.,	Lieut., R.D.F.
JERMYN, WILLIAM,	R.A.S.C.
* LELAND, JOHN H. F.,	Lieut., R.D.F.
SHEA, FREDK. W., M.C.,	Lieut., R.F.A.
† TOPPIN, ALFRED H.,	Lieut., R.I.R.

* Killed, Missing or Died.   †Wounded or Gassed.

ROLL OF HONOUR.

LODGE 331, DUBLIN.

COLLOPY, RICHARD,	Lieut., R.A.F.
CURTIS, EDWARD,	Lieut., R. Innis. F.
CURTIS, HARRY,	Capt., R.A.S.C. R. Innis F.
†DOLLAR, WM. G., M.M.,	I.G.
†EASTWOOD, J. W.,	Sergeant, R.D.F.
FANNIN, E. M.,	Capt., R.A.M.C.
HAMMOND, GEORGE,	R.A.O.C.
KIRKWOOD, JAMES,	Lieut. Finl. Staff.
MURPHY, WM. P.,	Lieut., R.I.R.
WINDER, F. A., O.B.E.,	Capt., R.A.M.C.

LODGE 332, OMAGH.

ANDERSON, JOHN B.,	Captain, R.I.F.
*CRUIKSHANK, PHILIP,	Captain, R.I.F.
DICKIE, THOS. W.,	Major.
DUNCAN, A. H. R.,	Captain, R.A.M.C.
IRVINE, HENRY, C.B.,	Colonel.
JOHNSTON, R. A.,	Captain, R.A.M.C.
NIBLOCK, J.,	Lieut.
YOUNG, OSBORNE,	Lieut., R.I.F.

LODGE 333, LIMERICK.

ACKROYD, G.,	Sergt., B.W.
ALLEN-LESLIE, W. G..	Lieut., R.W.F.
ASHLEIGH, A.,	R.Q.M.S., R.M.F.
BALLINGER, WM.,	C.S.M., R.W.F.
BARNBROOK, J.,	C.Q.M.S., Y. & L.
BENTLEY, THOS.,	C.Q.M.S., R.W.F.
BLACK, H. W.,	Sergt., B.W.
BROWNE, F.,	C.S.M., Y. & L.
BROWNING, S. G.,	Q.M.S., R.E.

* Killed, Missing or Died.   †Wounded or Gassed.

ROLL OF HONOUR.

LODGE 333, LIMERICK—contd.

BUDGE, A. G.,	Sergt., R.E.
COWNDEN, W. H.,	S.M., Y. & L.
COX, REV. A. P.,	C.F.
COX, S. J.,	Capt., F.G.H.
CROMER, W. K.,	Lce.-Cpl., R.D.F.
CULLEN, A. G.,	Sergt., R.E.
DAWSON, G. F.,	S.S.
DOWNIE, W. R.,	Sergt., R.F.A.
FERGUSON, H. A.,	R.S.M., R.E.
FOLEY, T. H. H.,	Sapper, R.E.
FOSTER, W. J.,	C.S.M., Y. & L.
GAY, H.,	S.M., R.E.
GRAY, J., V.C., D.C.M.,	Sergt., Y. & L.
HAMILTON, W. G.,	Capt., R.A.S.C.
HUELIN, A. H.,	Sergt., R.M.F.
JACKSON, W. R. E.,	C.S.M., R.M.F.
JOHNSON. E. W.,	Lieut., R.E.
JONES, LUTHER,	Sergt., R.W.F.
JORDAN, C. J.,	Sergt., R.E.
JORDESON, J. H., M.C.,	**Capt., R.M.F.**
LARKIN, W.,	Lieut., Lincoln Regt,
LASHMORE, A. E.,	Cpl., R.F.A.
LISMAN, M. H.,	Trooper, S.I.H.
LOCK, J.,	S.S., M.P. Staff.
KING, W. M.,	Sergt., Y. & L.
McINTOSH, T. B.,	S.M., B.W.
MACKINTOSH, M. H.,	Sergt., R.E.
NEALON, J. E. B.,	Sergt., R.E.
NELSON, A.,	R.S.M., S.I.H.
PARKER, V.,	R.F.
PINKERTON, A. H.,	Sergt., R.G.A.
PRENTICE, J. F.,	S.S.M., S.I.H.
PRESCOTT, W. G., M.C.,	R.S.M., R.E.
SCOTT, H. J.,	S.M., A.G. Staff.
SHEARD, C. M.,	S.S., R.A.S.C.
SPRY, A. C.,	Sergt., R.W.F.

* Killed, Missing or Died.   †Wounded or Gassed.

ROLL OF HONOUR.

LODGE 333, LIMERICK—contd.

STERLING, H.,	Sergt., Y. & L.
STONE, THOS.,	Sergt., R.A.S.C.
SWARBRICK, F.,	W.O., A.S.M.
SWASH, S. A.,	Lieut., R.W.F.
WALLACE, J.,	Sergt., B.W.
WATTS, T. G.,	Sergt., R.F.A.
WILLIAMS, R. J., M.V.O., D.S.O.	Capt., R.E.
YORK, E. J.,	Sergt., R.M.F.

LODGE 334, OMAGH.

*CLEMENTS, CHAS. S.,	Eng., R.N.
CLEMENTS, O. W.,	Eng., R.N.
†FYFFE, WILLIAM H.,	Capt., M.G.C.
OLIVER, THOMAS E.,	Capt., R.A.M.C.
STEWART, ALBERT F.,	Lt.-Colonel.

LODGE 335, BROOMHEDGE.

BROWNRIGG, HENRY J.,	Capt., R.A.M.C.
DONALDSON, JAMES,	Sergt., R.A.S.C.
HAYES, JOHN,	Corporal, R.E.
McFARLANE, JAS. E.,	Capt., R.A.M.C.
SCOTT, WALTER,	S.M., R.I.F.
*WILLIAMSON, E. A.,	Sergt., Man. Regt.

* Killed, Missing or Died.   †Wounded or Gassed.

ROLL OF HONOUR.

LODGE 336, BANBRIDGE.

ANDERSON, JAMES A.,	Lieut., R.I.R.
CARD, JAMES S.,	Lieut., Canadians.
CARSON, RALPH,	Private,, R.A.S.C.
COSGROVE, HENRY,	Capt., R.I. F.
CROTHERS, ROBERT,	Capt., R.A.M.C.
GLASS, ROBERT W.,	Lieut., R. Innis. F.
HAIRE, ARTH. L., M.C.,	Captain, R. Innis. F.
JONES, WM. G.,	Lieut., R.A.
KELSO, FREDK. J., M.M.,	Lieut., R.I.R.
KENNEDY, ROBT. L.,	Private, Canadians.
*MacCORMAC, JOHN S. D.,	Surgeon, R.N.
MORROW, ALEX.,	Lieut., C.S. Rifles.
PARKE, JOSEPH B.,	Lieut., R.I.R.
POTTS, WILLIAM A.,	Capt., R.A.V.C.
*POWER, WM. F.,	Lieut., Canadians.
SIMMS, JAS., Junr.,	Lieut., R.I.R.
*STEELE, THOS.,	Lieut. Com'dr., R.N.R.
TROTTER, JAMES R.,	Lieut. Com'dr., R.N.R.
*USSHER-GREER, RICHD.,	Captain. C.F.
WARREN, WILLIAM J.,	Lieut., K.O.L.R.

LODGE 337, GROOMSPORT.

BOYD, THOMAS F.,	A.B., R.N.
DOWNING, WILIAM M.,	Capt., R.I.R.
GARDNER, CAMPBELL,	Captain.
KNIGHT, CHARLES P.,	Lieut., R.I.R.
LIGATE, J. N. M.,	Captain, C.F.
M'DERMOTT, HENRY,	Eng. Lieut., R.N.R.
TRAVERS, THOMAS,	A.B., R.N.
WELSMAN, CHARLES H.,	S.M., R.I.R.
WHINNEY, ROBERT J. M.,	Lieut., R.F.A.
WILTKOWSI, WM. L.,	S.M., R.G.A.

*Killed, Missing or Died. †Wounded or Gassed.

ROLL OF HONOUR.

LODGE 338, GERMISTON.

CARLOW, JOHN McKAY,	Corporal.
CARSWELL, ROBT. G.,	C.S.M.
*CLESHAM, THOS. H.,	Lieut.
ELLIOTT, JOHN R.,	Private.
ELRIX, ROBERT S.,	Private.
GAIRDNER, J. F. R.,	Major, R.A.M.C.
KIRBY-SMITH, A. E. J.,	Corporal.
McELNEA, HERBERT J.,	Lieut.
MORTON, HOWARD S.,	Private.
MURRAY, JOHN,	Captain.
NICHOLSON, JAS. E.,	Private.
REES, JOHN D.,	Brigade Q.M.S.
RICHARDS, GEO. W.,	Private.
STONE, WM. L.,	Farrier.
TURTLE, WM. C.,	Sergeant.
WOOLLRIGHT, ARTH. P.,	Captain, R.A.M.C.
YOUNG, BENJ., D.S.O.,	Lt.-Colonel.

LODGE 339, DUBLIN.

BRYERS, R. NOEL,	R.A.F.
JEFFERS, JOHN,	Lieut., R.A.
McGARVEY, JOHN,	Army Pay Dept.
SEED, ADAM,	Lieut., Australians.
STRACHAN, GEORGE R.,	R.D.F.
SUTCLIFFE, RUPERT S.,	Lieut., R.D.F.

LODGE 340, BALLYMACARRETT.

HAYDEN, FREDERICK,	Lieut., R.I.R.
HOBART, NOEL,	Lieut., R.A.O.C.
KING, CECIL M.,	Lieut., London Regt.

* Killed, Missing or Died.   †Wounded or Gassed.

ROLL OF HONOUR.

LODGE 341, STRANORLAR.

ARMSTRONG, ADAM,	N.I.H.
BELL, THOMAS,	Lce.-Cpl., R. Innis. Fus.
DYER, WILLIAM C.,	C.Q.M.S., R.A.S.C.
IRWIN, JOHN,	Cadet.
LUCAS, EDWARD A.,	Lce.-Cpl., Australians.
LUCAS, JOHN,	Private, R. Innis. Fus.
McLAUGHLIN, ALFD. G.,	Corporal, R.E.
RUSSELL, JOSEPH,	Private, R. Innis. Fus.
*SLEVIN, JACOB,	Corporal, R. Innis Fus.
WALKER, JOHN C.,	Capt., R.A.M.C.
WHYTE, HORACE B.,	Bombardier, R.F.A.
WILSON, CHAS. R.,	Lieut.

LODGE 342, DUBLIN.

BLUE, DUGALD, Junr.,	Sergt., R.A.S.C., M.T.
HADDOCK, HARRY,	Lieut., R.D.F.
JAMESON, V. REGD.,	Lieut., A.P.C.
MACAULEY, REV. J. J.,	C.F.
MOORE, OLDHAM S.,	Corporal, B.W.
ROBINSON, D. P.,	Lieut., R.A.S.C., M.T.
ROBINSON, GEO., M.C.,	Capt., R.I.F.
SNEYD, F. BLAIR,	Major, A.V.C.
WILLIAMS, EDWIN R.,	Capt., Manitoba Regt.

LODGE 343, DUBLIN.

BAIRD, JOHN,	Lieut., Hussars.
CALWELL, W. M., M.C.,	Capt. & Adj., R.D.F.
CHAMBERS, J. VICTOR,	Lieut., B.W.
CORRELL, WM. J.,	Capt. & Adj., R.I. Regt.
DORMER, EDWARD E.,	Capt., R.I.F.
ELVERY, JOHN W.,	Lieut., R.D.F.
HURSON, JOHN G.,	Lieut., R.N.
IRWIN, A. E. H.,	Lieut., R.I.Regt.
McDONALD, DANIEL,	Lieut., G.H.

* Killed, Missing or Died.   †Wounded or Gassed.

ROLL OF HONOUR.

LODGE 343, DUBLIN—contd.

MARSHALL, S. H.,	Major, R.E.
STOKES, GEO. THOMAS,	Private, Suffolks.
STRYMANS, M. J. A.,	Lieut., Indian I.N.
WARD, ARTH. D.,	Lieut., R.I. Regt.
WILSON, GEORGE H.,	R.A.M.C.
WOODS, GEO. W.,	R.N.

LODGE 344, RANDFONTEIN.

BECKETT, JAS. J.,	
FORBES, WM. C.,	Lieut.
GRAHAM, JAS. C.,	
INGLIS, WM. H.,	Corporal.
KENNEDY, SAMUEL,	Gunner.
MATHEWS, WILLIAM,	Private.
MINERS, J. CHAS.,	Gunner.
RICHARDS, WALTER E.,	Private.
ROUFFIGNAC, RICHD. D.,	

LODGE 345, BELFAST.

ADAIR, JAMES S.,	Lieut., R.I.R.
*ADAMS, EDWARD,	Rifleman, R.I.R.
ADAMSON, THOMAS S.,	Capt., R.I.R.
CHRISTIAN, DENIS,	Lieut., R.I.R.
CRONNE, FREDK. W.,	Lieut., Black Watch.
DIAMOND, JAMES McN.,	Lieut., London Irish.
ISDELL, JOHN, Senr.,	Private, A.Q.C.
JENKINS, SAML. J., D.C.M.,	Lieut., R. Innis. F.
McCOMB, SAMUEL,	Capt., R.A.M.C.
McFARLAND, JAMES,	Pioneer, R.I.R.
NEILL, JOHN,	Private, M.T.
REID, ALFRED J.,	Sergt., Black Watch.
ROBERTS, GEORGE,	S.M., R.I.R.
STOREY, THOS. H., M.M.,	Corporal, R.I.R.
WALLS, FREDK. B.,	Private, London Regt.

* Killed, Missing or Died. †Wounded or Gassed.

ROLL OF HONOUR.

LODGE 346, CARRICKFERGUS.

BARR, H. B. B.,	Cadet, R.A.F.
CAMBRIDGE, THOMAS,	Lieut., K.A.R.
GRAHAM, RICHARD D.,	Private, M.T.
HAMILTON, HARRY S.,	Carpenter, R.N.
MORRISON, HUGH,	Corpl., R.I.R.
WEATHERUP, JAMES,	Private, R.F.

LODGE 347, ROSETTA.

ADAMS, THOMAS, M.C.,	Capt., R. Innis. F. & I.A.
CHASE, ALBERT C.,	R.I.R.
McCORMICK, SAML.,	Lieut., R.F.
*SMYTH, GEORGE,	Corporal, R.I.R.

LODGE 349, BELFAST.

CARSON, GEO. M.,	Sergt., R.I.R.
DONALDSON, THOMAS,	Sergt., R.I.R.
McILROY, FRANK,	Rifleman, R.I.R.
PETCH, G. W.,	Lieut., R.A.M.C.
TATE, ROBERT,	Shropshire Regt.

LODGE 350, OMAGH.

CADDEN, JOHN,	R.E.
GARRETT, GEORGE,	Captain.
McCLAY, THOMAS,	C.S.M.
McCONNELL, SAML.,	2nd Lieut.
McFARLAND, WM.,	Private.
McMELLON, JAMES,	Private.
MATTOCKS, VICTOR,	2nd Lieut.
PORTER, ROBERT,	Captain.
*WILSON, E. D.,	Sergt., R.I.F.

* Killed, Missing or Died. †Wounded or Gassed.

ROLL OF HONOUR.

LODGE 351, MONAGHAN.

BELL, THOMAS,	Private, R.E.
*BREAKEY, HENRY L.,	Lieut., R.A.F.
CRUICKSHANKS, ARTH.,	Private, R.A.F.
McGOWAN, GEORGE,	S.M., R.A.S.C.
REID, ROBERT,	Private, R.E.

LODGE 352, CASTLEBLAYNEY.

BROOK, F., D.S.O., M.C.,	Lieut. Col., K.O.Y.L.I.
DONNOLLY, JAMES T., D.C.M., M.M.,	Lieut., Canadians.
DONNOLLY, WALTER,	Private, Canadians.
FINLAY, HENRY,	Private, N.Z. Forces.
HAMILTON, WILLIAM S.,	Capt., R.A.
HAMILTON, BASIL L.,	Lieut., R.G.A.
HOWE, GEORGE,	Private.
JACKSON, SIDNEY,	R.Q.M.S., N.I.H.
KING. THOS. J.,	Sergt., R.I.F.
KING, GEO. W.,	Sergt., R.E.
LIVINGSTON, WILLIAM,	Trooper, N.I.H.
†LUNNY, JONATHAN H.,	Corpl., Australians.
McPHERSON, CHAS.,	Sergt., R. W. Surreys.
REA, GEORGE W.	Major, R.A.M.C.
†WALLIS, JAMES H.,	Corporal, R.E.
WATSON, HARRY J.,	Private, R. Innis. Fus.

LODGE 353, BELFAST.

GAMBLE, JOHN,	S.M., R.E.
MURPHY, WM. S., M.C.	Capt., Leicester Regt.
STANLEY, RUPERT,	Major, R.E.
TAYLOR, HERBERT,	P.O., R.N.R.
WEBB, ORMSBY,	Lieut., R.I.R.

* Killed, Missing or Died.   †Wounded or Gassed.

ROLL OF HONOUR.

LODGE 354, KIRCUBBIN.

ADAMS, WM. HY.,	C.O., H.M. Coast Guards.
BRENNAN, CECIL,	R.E.
CORRY, JAMES,	P.O., R.N.
DIXON, ALBERT,	Telegraphist, R.N.R.
FILSON, ANDREW,	Sergt., R.A.S.C.
FITZSIMONS, ROBT.,	Private, R.I.R.
GILL, ALFRED,	R.A.F.
HENFREY, CLAUDE,	R.A.F.
HOYLE, S. A. F.,	Telegraphist, R.N.R.
HUGHES, JOHN, M.M.,	Canadians.
HUGHES, ROBT.,	Lieut., R.N.R.
KEENE, FREDK. W.,	R.N.R.
KEMP, THOS. HY.,	P.O., R.N.
KYLE, ROBERT,	Cadet, R.I.R.
LIFE, CHAS. J.,	P.O., R.N.R.
M'CLEMENTS, THOS.,	R.A.S.C.
McQUILTY, JAMES,	New Zealanders.
MAXWELL, JACK,	S.M., M.A.C.
MAXWELL, WILLIAM,	Engr., R.N.R.
MOAH, JOHN B.,	C.O., R.N.R.
POLLY, WM. J.,	P.O., R.N.
ROFF, STANLEY H.,	Telegraphist, R.N.R.
SAVAGE, JAMES,	R.E.
SINCLAIR, ALEX., M.M.,	Sergt., R.I.R.
STEVENS, JOHN,	Telegraphist, R.N.R.
WARNOCK, JAS., M.M.,	R.A.S.C., M.T.
WARNOCK, WM. W.,	Lieut., R.I.R.
WEIR, DAVID,	R.A.S.C.

LODGE 355, MOUNTPOTTINGER.

AICKIN, CHAS. R.,	Lieut., R.I.R.
CLARK, ROBT. R.,	Lce.-Corpl., B.W.
HAYDEN, WM. A.,	Lieut., R.I.R.
IRVINE, HUGH R.,	Capt., R.A.M.C.
NOBLE, JOHN,	Lieut., R.F.A.

* Killed, Missing or Died.   †Wounded or Gassed.

ROLL OF HONOUR.

LODGE 356, MAZE.

BOYD, ANDREW,	Private, R.I.R.
*DALE, JOHN H., M.M.,	R.S.M., R.I.R.
DONALDSON, JOHN K.,	Sergeant, R.E.
NELSON, WILLIAM C.,	Private, R.A.M.C.
*ORR, WM. G.,	Sergeant, R.I.R.

LODGE 357, DUBLIN.

BECKETT, JAMES,	M.D.
BRADSHAW, S. J., M'LEAN,	M.D.
CRAWLEY, FRANK C.,	M.D.
DOCKRELL, K. B.,	Sergeant.
FERGUSON, H. R., M.B.,	Capt., R.A.M.C.
HOWE, IVAN A.,	Lieut., R.G.A.
HOWE, Rev. LIONEL,	C.F.
JELLETT, HENRY,	R.A.M.C.
JOHNSTON, G. JAMESON,	R.A.M.C.
*JONES, KINGSMILL,	R.A.M.C.
KENNEDY, H. BREW,	R.A.M.C.
LAIRD, JOHN N.,	R.A.M.C.
LANGRISHE, JOHN du P.,	R.A.M.C.
MACAULAY, Rev. J. J.,	C.F.
PEARSON, WILLIAM,	Major, R.A.M.C.
WHITE, ION GROVE,	Captain.
WYON, M. W. T.,	Captain.

LODGE 358, MOUNTPOTTINGER.

ARMSTRONG, THOMAS,	Sergeant.
CLARKE, HOWARD,	Corporal.
GIBSON, DAVID S.,	Sapper.
*KENNEDY, HUGH V. S.,	Lieut.
LYTTLE, JAMES B.,	Sapper.
WILSON, DAVID G.,	Sapper.
*YEATES, ANDREW B.,	Sergeant.

* Killed, Missing or Died.   †Wounded or Gassed.

ROLL OF HONOUR.

LODGE 359, BELFAST.

HAMILTON, ALBERT C.,	Sergt., R.A.M.C.
HARCOURT, WM. L., M.C.,	Lieut., R.I.R.
HARCOURT, SAML. J.,	Trooper, N.I.H.
HARPER, THOS. G.,	Sergt., R.I.R.
McCULLOUGH, ARCH. T.,	Rifleman, R.I.R.
McFARRAN, WM.,	Capt., R.N.R.
McKEOWN, JOHN,	Lieut., R.A.F.
MACKENZIE, GEO. S.,	Lieut. Eng., R.N.
NEILL, CHAS. J.,	Lieut., M.G.C.
SMITH, WM. A.,	
SMITH, JOHN E.,	Private, R.I.R.
SMITH, WM. A.,	P.O., R.N.A.S.
SMYTH, WM. S.,	Q.M.S., N.I.H.
STEEL, DAVID L.,	Rifleman, R.I.R.
STEPHENSON, J. T. H.,	Lieut., R.I.F.

LODGE 361, PRETORIA.

AGAR, WM. G. A.,	Sergeant.
BEST, ALBERT J.,	Captain.
BOWYER, FREDK B.,	Major.
COCHRANE, DAVID,	Gunner.
DE VOS RENE L.,	Aviation, French Forces.
DUNKERLEY, THOS. A.,	Sergeant.
HENDERSON, JOHN P.,	Sergeant.
HENDRY, JAS. S.,	Sapper.
HILLMAN, ALFRED S.,	Trooper.
*KERSWILL, HERBERT J.,	Private.
LEVIEN, MICHAEL J.,	Head Conductor.
LUDWIG, ALBERT J.,	Sapper.
McKELVEY, JAMES,	C.Q.M.S.,
McLARNON, WM. T.,	Sapper.
MELVILLE, DAVID,	Corporal.

* Killed, Missing or Died. †Wounded or Gassed.

ROLL OF HONOUR.

LODGE 361, PRETORIA—contd.

MORREN, JOHN,	Sergeant.
MURPHY, JAMES G.,	Sergeant.
PODLASHUC, CHAS.,	Sergeant.
RANDALL, EDWIN T.,	Capt.
SMALE, CHAS.,	Corporal.
SMYTH, WILLIAM,	Lieut.
TAME, HUBERT H.,	Sergeant.
TOMAROPULO, GEO. A.,	Private.
WALKER, JAMES,	Private.
YOUNG, WM. R.,	Gunner.

LODGE 362, BELFAST.

COPELAND, EDWARD,	Sergt., R.I.R.
†DUNCAN, JOHN,	Private, R.I.R.
HOWARD, CHARLES,	Eng. Sub.-Lieut., R.N.R.
LEMON, MOSES,	Sergt., R.I.F.
McCLELLAND, ALLEN,	Gunner, R.M.A.
NICKLE, ALLEN E.,	W.E., R.N.R.
WETHERALL, A. R. D.,	Sergt., N.I.H.
WOOD, WM. H.,	Capt., R.E.

LODGE 364, FORDSBURG.

CAMPBELL, ROBERT D.,	S.S.
GILCHRIST, THOS. B.,	Major.
INGRAM, JOHN,	Private.
McIVER, JAS. M., D.C.M.,	Major.
McLINTOCK, GEORGE,	Private.
MUNNICK, FRAS. D. R.,	Sergeant.
WARD, ANDREW S.,	Private.
WESTWOOD, WM.,	Corporal.

* Killed, Missing or Died.   †Wounded or Gassed.

ROLL OF HONOUR.

LODGE 365, DURBAN.

BOWMAN, G. L.,	Private.
DAVIES, DAVID T.,	Private.
FLETCHER, CHAS. A.,	Private.
GORDON, RICHD. T.,	Capt., R.A.M.C.
GROVER, JOSIAH,	Private.
JOSEPH, CHRISTR. D.,	Private.
LEESON, LEONARD,	Private.
*RICHARDSON, CHAS. R.,	
SHAW, ARTH. R.,	Private.
SMITH, WM. H.,	Private.
SMYTH, ROBT M.,	Lt.-Col., R.A.M.C.
ST. LEDGER, THOS. B.,	Private.
ST. LEDGER, CHAS. L. S.,	Private.
SWANSON, OTTO C.,	Private.
WESTON, RICHD. J.,	Private.
WESTON, EDWD. J.,	Private.
WESTON, CLAUDE,	Private.
YELLAND, PERCY J.,	Private.

LODGE 366, LIMAVADY.

HOUSTON, HAYDEN,	Sergt., R.A.S.C.
PARKHILL, WILLIAM J.,	Private, Canadians.
SELFRIDGE, WILLIAM,	Sergeant.
WILSON, WILLIAM J.,	Private.

LODGE 367, DOWNPATRICK.

*FIELD, J. W., D.C.M.,	Captain, R.I.R.
GARDINER, ROBT. C.,	Major, R.I.R.
GARDINER, WM. C.,	Lieut., R.I.R
GIFFORD, HENRY,	Sapper.
HAMILTON, WILLIAM,	Corporal, R.A.S.C.
HENRY, ROBERT,	C.S.M., R.I.R.
NESBITT, JAMES B.,	C.S.M., R.I.R.
NOAKES, JAMES L.,	Lieut.

*Killed, Missing or Died.   †Wounded or Gassed.

ROLL OF HONOUR.

LODGE 368, CAPE TOWN.

GORDON, GEORGE S.,	R.E.
MEYERS, REGD. A. C.,	Private, S.A. Infantry.
SMITH, EDWD. G. L.,	Lieut., S.A. Scottish.
TIPPER, CHAS.,	Private, S.A. Scottish.

LODGE 369, DOWNPATRICK.

GARDINER, ROBERT C.,	Major.
LOVE, CASTOR J.,	Captain.
McCOMISKEY, ARTH. S.,	Surgeon, R.A.M.C.
† MARTIN, JAMES,	,Lieut.
† NAPIER, JAMES McC.,	Lieut.
† ORR, FREDERICK W.,	Lieut.
SLOANE, J. Z.,	Captain, R.E.

LODGE 372, BELFAST.

GEORGE, JOHN W.,	Capt., R.N.R.
† LINTON, WM. J., M.C.,	Lieut., R.I.R.
* LYONS, WILLIAM T.,	Capt. & Adj., R.W.F.
MAGEE, JOHN H.,	Lieut., Canadians.
WILSON, JOHN C.,	Capt., R.A.M.C.

LODGE 373, BALLYMACARRETT.

† ANDERSON, JAMES	Lieut., Cheshire Regt.
BARNES, GEORGE,	P.O., R.N.
BARNES, GEORGE,	L. Stoker, R.N.
BLACK, THOMAS,	2nd Officer, R.N.
BROWN, HENRY B.,	E.R.A., R.N.
FINLAY, WM. J.,	Sapper, R.E.
HOGG, THOMAS,	C.E.R.A., R.N.
LAVERY, WILLIAM J.,	Sergeant.
LEE, FREDERICK C.,	C.P.O., R.N.
MISKELLY, WM. J.	Amr., R.N.
NEILL, JOHN A.,	C.Q.M., R.M.F.
TAYLOR, JOHN H.,	Lieut., R.N.

* Killed, Missing or Died.   †Wounded or Gassed.

ROLL OF HONOUR.

LODGE 375, LARNE.

ANDERSON, WILLIAM,	Capt., R.N.R.
† ARMSTRONG, EDWD.,	Lieut., Suffolk Regt.
BEGGS, JAMES,	Eng. Lieut., R.I.M.
* CONNOLLY, B. S. C.,	Lieut., R.N.R.
CRADOCK, F. E.,	Lieut., R.N.V.R.
DUTHIE, JOHN,	Capt., R.N.R.
DWEN, EVAN RHYS,	Eng., R.N.R.
* GRIFFITHS, JOHN,	Capt., R.I.R.
JACKSON, GEORGE,	Major, R.A.M.C.
* JENKS, J. E.,	Capt., R.I.R.
LOUGH, J. H.,	R.A.M.C.
MELVILLE, W. S.,	Sergt., R.I.R.
REID, ALEX.,	Capt., R.N.R.
ROSS, JAMES,	N.I.H.
SMILEY, J. R., Bart.,	Capt., Hussars.
SMILEY, HUBERT S.,	S. Capt., Egyptian Comd.
TAYLOR, NOEL,	Lieut., R. Innis. Fus.
WEST, FRANK,	Capt., R.N.R.
WHITE, R. W. R.,	W.O., R.N.R.
WILLIAMS, W. W.,	Asst. Paymaster, R.N.V.R.
WILSON, J. A. L.,	Major, R.A.M.C.
WOODS, C. H. McC.,	Lieut. Comdr., R.N.R.

LODGE 376, BELFAST.

† AULD, ANDREW, M.M.	Sergt., R.I.R.
BOYD, CATHER,	Sergt., R.A.S.C.
McILWAINE, THOMAS,	
* NELSON, ALBERT E.,	

* Killed, Missing or Died.   †Wounded or Gassed.

ROLL OF HONOUR.

LODGE 377, NEWCASTLE.

ARNI, CHAS. A.,	Sergt., R.I.R.
†BATTEN, WILLIAM,	Sergt., R.I.R.
BELL, RICHARD L.,	Captain, R.A.M.C.
CLARKE, WILLIAM,	C.P.O., R.N.
DEANE, JAMES A.,	Sergt., R.I.R.
FEENEY, JOSEPH,	Sergt., R.I.R.
FOSTER, JOHN M.,	C.S.M., R.I.R.
HARDING, GEORGE H.,	C.Q.M.S., R.I.R.
HARDING, PHILIP W.,	Sergt., R.I.R.
HAUGH, GEORGE,	Sergt., R.I.R.
JEFFREY, WILLIAM,	Lieut., R.I. Regt.
LEATHEM, WILLIAM,	C.Q.M.S., R.I.R.
LOWRY, JOSEPH,	C.S.M., R.I.R.
MacCORMAC, WILLIAM,	C.S.M., R.I.R.
MACAULAY, ROBERT,	Private, R.I.R.
MILLS, JOHN,	Chief Boatman, R.N.
NEVINS, JOHN,	C.S.M., R.I.R.
ORR, JOHN C.,	Lieut., R.I.R.
PETERSON, FREDK. R.,	C.S.M., R.I.R.
PORTER, JOHN,	Corporal, R.I.R.
POWELL, ERNEST R.,	C.S.M., R.I.R.
SOMERS, WILLIAM,	Captain, R.I.R.
TEMPLETON, J. C.,	Corporal, R.I.R.
WALLACE, ROBT. H., C.B.,	Colonel, R.I.R.
WARNE, ERNEST W.,	Sergt., R.A.F.
WILKINSON, ROBERT,	Sergt., R.I.R.
†WOODS, ROBERT,	Private, R.I.R.

LODGE 378, BELFAST.

*BAILIE, JAMES J.,	Private, R.A.M.C.
GLOVER, SAMUEL,	Driver, R.A.S.C.
GRAHAM, S.,	P.O., R.A.S.C.
HARRIS, WM. H.,	Driver, R.A.S.C.

* Killed, Missing or Died.   †Wounded or Gassed.

ROLL OF HONOUR.

LODGE 379, CROSSGAR.

† ADAMSON, EDWD. McC.,	Corporal, R.E.
CORRY, JOHN,	Private, New Zealanders.
† DUFF, JAMES,	Lieut., W.Y. Regt.
HERRON, JAMES,	Private, A.P.C.
† HUGHES, EDWARD,	Corporal, R.A.M.C.
† WILSON, SAMUEL W.,	Lieut., Canadians.
WRAY, GEORGE G.,	Sergt., S. of M.

LODGE 380, MOUNTPOTTINGER.

ABERNETHY, H. G. R.,	Lieut.
BLAKELY, ROBERT J.,	S.S.M.
CHAPMAN, WILLIAM O.,	
CLARKE, WILLIAM,	Lieut.
COULTER, JOHN W. C.	Captain.
† CROZIER, FRANK R. M.,	Lieut. Colonel.
DANSON, ISAAC,	
DAVIS, WILLIAM J.,	Sergeant.
DAVIS, ROBERT, Junr.,	
DOUGLAS, MONTAGUE G.,	Lieut. Com'dr., R.N.R.
FIELDER, GERALD,	Corporal.
KEEFE, CHARLES R. W.,	Captain.
KNOX, JOHN,	Lieut.
LYNAS, HENRY,	L. Corporal.
† MAASDORP, V. H.,	Lieut.
MALLON, THOMAS,	Lieut.
NICHOLL, JOSEPH, M.C.,	Captain.
SHAW, JAMES,	Captain.
† SHAW, SAMUEL,	Cadet.
SIMPSON, PERCIVAL,	
TOTTON, ARTHUR, M.C.,	Major.

*Killed, Missing or Died.   †Wounded or Gassed.

ROLL OF HONOUR.

LODGE 381, HOLYWOOD.

BOUCHER, EDWD. R.,	Lieut., R.I.R.
BRENNAN, C. J.,	Capt., R.I.F.
CRAWFORD, R. G. S.,	Col., R.I.R.
DIXON, DANIEL,	Major, R.I.R.
*DUNLOP, JOHN G. M.,	Lieut., R.D.F.
GAUSSEN, CECIL,	Capt., R.A.M.C.
LEMON, JOHN W.,	Lieut., Transport.
*McCAMMON, THOS. V. P.,	Col., R.I.R.
McLEAN, ROBERT E.,	Major, R.I.R.
McLEAN, ROBT. R. B.,	Capt., Indian Army.
MANNING, CHAS. C., M.C.,	Capt., C.F.
MEGAW, WM.,	Private, R.I.R.
*NEILL, JAMES,	Lieut., R.I.R.
NELSON, JAMES E. F.,	Lieut., R.F.A.
NELSON, S. C.,	Bomb., Ind. Art.
PATTERSON, W. H.,	Sergt., Canadians.
PURDON, J. R.,	Lieut., R.I.R.
REDMOND, JOHN,	Capt., C.F.
*ROSS, MELBOURNE,	Lieut., R.I.R.
SCOTT, ALEX. D. B.,	Capt., R.I.R.
SHEKLETON, RICHD. A.,	Capt., R.A.M.C.
STEPHENS, JOHN K.,	Capt., R.E.

LODGE 382, CALCUTTA.

DAVIDSON, JOSEPH,	Sergt., I.M.T.C.
DIRKS, ALEX. J.	Lieut., Brahmins.
DUNNE, JOHN,	Sergt., S. & T. C.
GRAY, WILLIAM,	Gunner.
HOWARD, JAMES,	Bombardier, C.M.G.B.
HUDSON, JAMES,	S.M.
IFFETT, PHILIPP S.,	S.B.S.
JOHNSON, CHARLES,	Lieut., R.E.
McMILLAN, WM.,	Capt., A.E.S.O.

* Killed, Missing or Died.   †Wounded or Gassed.

ROLL OF HONOUR.

LODGE 382, CALCUTTA—contd.

PETERS, JOHN,	Corporal, I.M.T.C.
REDDING, THOMAS,	Eng. Offices, B.M.M.
SMYTHE, LIONEL A.,	Capt., Tech. Recruitment.
VALLINT, ALBERT J.,	Sergt., R.F.A.

LODGE 384, DUNDALK.

ALLAN, C. H.,	Lieut., R.F.A.
ALLEN, CHAS. H.,	Sergt., R.F.A.
BATT, WM.,	P.O., R.N.
BAILEY, WILFRID,	S.S., R.A.O.C.
BARRETT, W. W.,	Q.M.S., R.F.A.
BRAZIER, J.,	Q.M.S., R.F.A.
*BUGG, HENRY C. D.,	Sergt., R.I.A.
COCK, H.,	Sergt., R.I.R.
COLLISON, H. L.,	Capt., R.F.A.
DAWKINS, A. R. T.,	S.S., R.A.O.C.
DUDDY, R. J.,	Corporal, R.A.M.C.
DUMFRIES, J.,	Sergt., R.I.R.
DURANT, R. M.,	B.S.M., R.F.A.
GRIFFITHS, F. J.,	Capt., R.E.
HAMPTON, J. F.,	S.M., R.A.M.C.
*IBBOTSON, A.,	Lieut., R.F.A.
JEALOUSE, A. C.,	Sergt., R.F.A.
KERRISON, E A.,	B.Q.S., R.F.A.
*LUCAS, R.,	Lieut., R.F.A.
McINTOSH, J. T.,	Q.M.S., R.F.A.
McKNIGHT, H.,	Army Schoolmaster.
MARSH, E.,	Lieut., R.I.R.
MASKELL, F. C.,	Lieut., R.F.A.
MATHEWS, G.,	Sergt., R.F.A.
NORTH, J. A.,	Sergt., R.A.M.C.
PARKINSON, B. T.,	Sergt., R.A.M.C
PAYNE, H.,	Lieut., R.F.A.

* Killed, Missing or Died.   †Wounded or Gassed.

ROLL OF HONOUR.

LODGE 384, DUNDALK—contd.

PRINCE, J. G.,	Capt., R.F.A.
REID, JOHN W.,	Sergt., R.A.S.C.
REID, J. W.,	Sergt., R.A.S.C.
*RILEY, F.,	F.S., R.F.A.
ROWLAND, R. F.,	Lieut., R. Innis. Fus.
SANDERS, W.,	Sergt., R.F.A.
SIMPSON, C. W.,	Sergt., R.F.A.
STEWART, WM.,	Sergt., R.E.
STRINGER, W.,	Sergt. Inst., R.F.A.
THOMPSON, W. A.,	Sergt., R.F.A.
TURRELL, C., D.C.M., M.M.,	R.Q.M.S. R.F.A.
WOOD, WILLIAM,	Q.M.S. R.A.S.C.
WYATT, F. J.,	S.S., R.A.O.C.

LODGE 385, CLONAKILTY.

†SHERLOCK, WILLIAM J.,	Private, Canadians.
†TRAVERS, ARTHUR S.,	Lieut., R.M.F.

LODGE 386, BALLYWALTER.

CAUGHEY, SAMUEL. W.,	Canadians.
ELSLEY, EDWARD,	C.P.O., R.N.
EWART, FRANCIS,	Surgeon, R.N.
FOWLER, RICHARD, Junr.,	R.N.
GAW, DAVID H.,	R.N.
*GUNNING, WALTER,	Private, R.I.R.
HUNT, WM.,	R.N.
JOHNSTON, JAS.,	Americans.
McCAPPIN, THOS.,	C.P.O., R.N.
McCORMICK, WM.,	R.I.R.
OLIVER, WM. H.,	R.I.R.
OLIVER, EDWIN,	R.I.R.
REID, WM.,	Private, R.I.R.
THOMAS, THEO,	R.N.

* Killed, Missing or Died.   †Wounded or Gassed.

ROLL OF HONOUR.

LODGE 387, MALTA.

*BROWN, FREDERICK J.,	Armourer.
*BUNDAY, WILLIAM J.,	Foreman.
*COCKS, THOMAS,	E.R. Art.
*DAVIES, THOMAS,	S.P.O.
*FEY, ERNEST G.,	Chief Stoker.
GIBSON, ROBERT C.,	E.R. Art.
*HOWE, GEORGE W.,	Chief Stoker.
*HULSE, JOSEPH,	Diver.
ROGERS, JOHN,	Corporal.
*SMITH, GEORGE W.,	E.R. Art.
*THACKER, CHARLES A.,	P.O. II.
*WENMAN, JOHN W.,	Sergeant.

LODGE 390, 1st BATT. W.I. REGT.

†ADAIR, A. CECIL, O.B.E.	Major, R.S.F.
ADAMS, ARTHUR,	Q.M.S., R.E.
AGARD, WILLIAM,	C.S.M., W.I. Regt.
ANDREWS, FREDK.,	Lieut., W.A. Regt.
ANDUS, CHAS. A.,	Q.M.S., R.A.M.C.
BAILLIE, GEORGE,	Major, R.A.M.C
BROUGHTON, JOHN WM.,	Lieut., N.F.
BURKE, BERNARD B., C.B.E., D.S.O.,	Lt.-Col., R.A.M.C.
BURKE, JOHN E.,	C.S.M., W.I. Regt.
CARPENTER, ERNEST,	Q.M.S., R.E.
COAKLEY, JAMES A.,	Lieut., W.I. Regt.
*CONEYBEARE, H. W.,	Lieut., Lincoln Regt.
CONNELL, DANIEL,	Q.M.S., R.E.
COOK, ALEX. C.,	S.M., R.E.
DAVIES, C. S., D.S.O.,	Lt.-Col., Leicesters.
DEWAR, HENRY FRED,	S.S., R.A.M.C
*DIMMER, J. H. S., V.C.,	Lt.-Col., K.R.R. & W.A.Rgt.
*DRAYTON, JAMES F.,	A.S.S., R.A.O.C.

* Killed, Missing or Died. †Wounded or Gassed.

ROLL OF HONOUR.

LODGE 390, 1st BATT. W.I. REGT.—contd.

FAUNCE, BONHAM,	Colonel, W.A. Regt.
FENTON, GEO. CECIL V., D.S.O.,	Major, R.E.
FERGUSON, H. H., M.S.M.,	S.M., R.E.
FINK, R. H. L., M.C.,	Capt., W.I. Regt.
FROST, ERNEST,	C.S.M., R.G.A.
GALLIE, HENRY,	S.S., R.A.O.C.
GAMBLEN, ALF. JAS., M.C.,	Major, W.I. Regt.
GELLING, ROBERT S.,	C.S.M., W.A. Regt.
GREEN, FITZHERBERT,	C.S.M., W.I. Regt.
HANDLEY, WILLIAM P.,	S.M., R.E.
HEARD, JOHN ROGERS,	Major, Shropshire L.I.
* HYDE, ARTHUR C.,	Capt., W.I. Regt.
JEFFORD. CHAS. VIC.,	S.S., R.A.M.C
JOHNS, ARTH. WM.,	Capt., R.A.S.C.
* JONES, LLEWELYN J.,	Capt., W.I. Regt.
JONES, ARTH. M., M.B.E.,	Capt., Notts & Derby.
KING, FREDK. SAML.,	Capt. & Q.M.
KINGCHURCH, J. E.,	Major, W.I. Regt.
LISTON, FREDK. A.,	Major. W.I. Regt.
LORD, ARTHUR WM.,	Q.M.S., R.A.O.C.
McQUISTON, DAVID P.,	Corporal, R.E.
* MILLS, THOS. H., D.S.O.,	Capt., E. Yorks.
MUIRHEAD, WM. ALEX.,	Q.M.S., R.A.M.C.
OGLE, E. C., D.S.O.,	Major, W.I. Regt.
OSBORNE, HARRY,	Q.M.S., R.E.
OWEN, STANLEY GEO.,	B. Master, W.I. Regt.
PENFOLD, HENRY J.,	S.S., R.G.A.
PERCY, SAMUEL,	C.S., W.A. Regt.
POWELL, HENRY M.,	Capt., W.A. Regt.
REEVE, HARRY J., M.C.,	Capt. & Q.M. R.A.M.C.
* RICHARDSON, J. C., D.C.M.,	Capt., W.A. Regt.
RICHARDSON, THOS.,	Q.M.S., W.A. Regt.
ROBINSON, WM. JOHN,	R.S.M., W.I. Regt.
ROSS, NORMAN ROBT.,	Major, R.A.M.C.

* Killed, Missing or Died.   †Wounded or Gassed.

ROLL OF HONOUR.

LODGE 390, 1st BATT. W.I. REGT.—contd.

SAMPEY, ALEX. WM.,	Lt.-Col., R.A.M.C.
SCOTT, DAVID,	Q.M.S., W.A. Regt.
*SIDDLE, ERNEST A.,	R.S.M., Canadians.
SLEIGHT, FRANK,	A.S.S., R.A.O.C.
SPROULE, ROBERT,	Q.M.S., R.A.M.C.
STOCKWELL, A. A.,	Q.M.S., A.P.C.
SUTTON, ALEX. ARTH., C.B., D.S.O.,	Major Genl., R.A.M.C.
*THELWALL, H. W.,	Major, W.I. Regt.
VERITY, BEN. C., M.S.M.,	S.M., R.E.
WILLS, JAMES CHAS.,	Lieut., Somerset L.I.
VINCE, ARTHUR HENRY,	Capt., W.I. Regt.
†WYMER, H. J. de C., D.S.O.,	Major, Hampshire Regt.

LODGE 391, GERMISTON.

AHRENS, TOR C.,	Private.
BEACOM, ROBERT,	Bombardier.
CILLIERS, JOHN D.,	Lieut.
DREW, ARTHUR,	
GIBLIN, MICHAEL,	Sergeant.
GLOVER, EDGAR J. P.	R.S.M.
HAMILTON, ROBT. J.,	Lieut.
HILLSTROOM, KNUTS B.,	Sergeant.
LEITH, JOHN,	Sergeant.
McALISTER, HUGH S.,	Lieut.
McLEAN, ROBERT C.,	Private.
OWEN, THOMAS,	Sergeant.
*ROSS, JOHN,	Sergeant.
ROSS, JOHN C. G.,	Private.
SCARFF, JOHN W.,	S.S.
SELLER, WM. J.,	Private.
SIMMONS, WM. J.,	Private.
WALKER, JOSEPH,	Private.

* Killed, Missing or Died.   †Wounded or Gassed.

ROLL OF HONOUR.

LODGE 392, BLOEMFONTEIN.

ADAMS, HUBERT S.,	Lieut.
BARTON, FREDK. C.,	S.M.
BIEBUYCK, MARTIN F., M.M.,	Corporal.
*BRANT, ERNEST,	
CROOKE, WM. J.,	S.M.
DE KOCK, SERVAIS M., D.S.O., O.B.E.,	Lieut.-Col., R.A.M.C.
DEUCHAR, CHARLES,	
GRAY, JOHN,	Captain.
HILL, EGBERT H.,	Sergeant.
HUGHES, FREDK. L.,	S.M.
LAIDLER, JAMES,	
LAVELLE, BERNARD P.,	S.S.
MILROY, ROBT. P.,	
PALMER, DAVID M.,	Lieut.
REID, JAMES,	S.S.
*REYNOLDS, GEO.,	Captain.
TAYLOR, CHARLES H.,	S.S.
*WARR, WM. C. S., D.C.M.,	Captain.
WILLIS, RICHD. M.,	
*WRIGHT, WM. J.,	

LODGE 393, BELFAST.

†BENTLEY, THOMAS,	Sergt., R.B.
KELLS, JOSEPH, D.C.M.,	Lieut., R.F.A.
LOCKHART, THOMAS,	Private, Liverpool R.

LODGE 394, BELFAST.

BURROWS, T. A.,	C.S.M., R.I.R.
CONROY, GORDON,	Lieut., R.A.O.C.
*MAY, F. W. L.,	Capt., R.I.R.
MAY, E. R. H.,	Major, R.I.R.

* Killed, Missing or Died.   †Wounded or Gassed.

ROLL OF HONOUR.

LODGE 395, DUBLIN.

CHARLES, ANDREW,	Surgeon, R.N.
HARPER, JAMES,	Lieut., R.A.F.
KIRKER, JAMES A.,	Lieut., R.A.F.
LEYSHON, HECTOR McQ.,	Lieut., R.F.A.
PECK, HAROLD J. P.,	Lieut., R.D.F.
PROCTER, GEORGE D.,	Lieut., R.F.A.
SEALE, ARTHUR H.,	Lieut., R.A.S.C., M.T.
WEINSTOCK, SAMUEL,	Lieut., R.A.M.C.

LODGE 396, COOKSTOWN.

BELL, WELLESLEY,	Gunner, R.G.A.
ECCLES, JOSIAH,	Lieut., R.G.A.
†HILLIARD, GEORGE,	Sergt., R.I.R.
LAVERY, WM. D.,	Cadet, R.A.F.
*MILLAR, ROBERT,	Sergt., R.I.F.
MOORE, SAMUEL W.,	C.Q.M.S., R. Innis. Fus.
REYNOLDS, SAMUEL G.,	L. Mechanic, R.N.A.S.
*THOM, NATHANIEL,	Corporal, R.I.F.

LODGE 397, CURRAGH CAMP.

ABLETT, A. W.,	S.S.M.
ADAMS, L.,	G.S.M.
AINSWORTH, A.,	Sergeant.
ALDONS, F. C.,	Sergeant.
ALLAN, L. A.,	Captain.
AMOS, T. H.,	S.S.
AMOS, W. S.,	Sergeant.
*ARMOUR, F.,	C.S.M.
†AYLING, GEORGE,	C.Q.M.S.
†BAKER, GEO.,	R.Q.M.S.
BANKS, F.,	Sergeant.

* Killed, Missing or Died.   †Wounded or Gassed.

ROLL OF HONOUR.

LODGE 397, CURRAGH CAMP—contd.

BARKER, F.,	Med. S.M.
BARNES, W. J.,	C.S.M.
BASTON, H. G.,	Sergeant.
BATES, F.,	Sergeant.
BATT, F.,	Captain.
BAYLISS, G.,	S.S.
† BEAUMONT, S. C.,	S.S.
BELL, G. F.,	Captain.
BELT, J.,	Sergeant.
† BENNETT, W.,	Sergeant.
BIRD, W. H.,	C.S.M.
BIRCH, J.,	F.S.M.
BIRCH, J. C.,	Sergeant.
BISHOP, G. H.,	R.S.M.
* BLACK, H.,	Sergeant.
BLACKBURN, J. W.,	R.S.M.
BLAKE, W., M.M.,	C.S.M.
BOOTH, A.,	F.S.
BUCKLAND, G. H.,	Lieut.
BUNKHALL, E.,	Sergeant.
BURGESS, L. A.,	S.S.M.
BURRAGE, R.,	C.Q.M.S.
BUSH, C. H. T.,	Sergt.-Trumpeter.
BUTCHERS, W. E.,	S.Q.M.S.
CALDERWOOD, W. R.,	C.Q.M.S.
CARD, E. A.,	Sergeant.
CARTER, W. G.,	S.M.M.
CASEY, R.,	Sergeant.
CASSELS, JOHN,	Sergeant.
CASTER, H. C.,	Sergeant.
CHAMBERS, G.,	C.S.M.
CHAULTER, E. P.,	S.Q.M.S.
CHUTER, E.,	Q.M.S.
CLARK, W. H.,	Sergeant.
CLARKE, G. C.,	C.Q.M.S.
† CLEMENTS, F. W.,	Lieut.

* Killed, Missing or Died.   †Wounded or Gassed.

ROLL OF HONOUR.

LODGE 397, CURRAGH CAMP—contd.

CLOUGH, R. H.,	Sergeant.
COARD, G. H.,	Lieut.
COKER, A. H.,	S.S.M.
† COLGRAVE, J.,	Sergeant.
COLLINS, R. P.,	S.M.
† COOKREY, J. G.,	Lieut.
COPE, E. C.,	R.S.M.
COPE, W. W.,	Sergeant.
CORBETT, E.,	S.Q.M.S.
COWARD, A. W.,	Sergeant.
COX, A. E.,	Sergeant.
CRACK, W. C.,	C.S.M.
CUMMING, T.,	R.S.M.
CURTIS, T. S.,	S.S.M.
CUTBERCH, W. J.,	Sergeant.
DEACON, G.,	Sergeant.
DEAN, W. H.,	Sergeant.
DENISTER, ST. L.,	R.Q.M.S.
DOOLEY, F. M.,	C.S.I.M.
DOWN, H. H. W.,	Lieut.
DUCKETT, G. H.,	S.S.M.
DUNN, T. W.,	Captain.
DURRANT, C.,	S.S.M.
EASTON, R. I.,	Sergeant.
EDMUNDSON, G. R.,	Captain.
ELKINS, H. F. C.,	S.Q.M.S.
ELLIOTT, C. O.,	S.S.
EMUS, W. O.,	S.Q.M.S.
FOOKS, F.,	Sergeant.
† FORBES, W. M.,	Lieut.
FORD, A. J.,	Sergeant.
FORD, W. H.,	F.Q.M.S.
FOSTER, A. P.,	Lieut.
FOULSTON, G. G.,	Lieut.
FREEMAN, T. G.,	S.Q.M.S.
FREESTONE, S.,	Lt. & Q.M.

* Killed, Missing or Died.   † Wounded or Gassed.

ROLL OF HONOUR.

LODGE 397, CURRAGH CAMP—contd.

FROOME, G. W.,	R.Q.M.S.
FELONI, J.,	Sergeant.
FIELD, H.,	Band Sergeant.
FULLER, E. T.,	B.Q.M.S.
GADGE, A. G.,	Sergeant.
GALL, T. G.,	F.S.M.
GALLICHAN, E. K.,	A.S.S.
GARDNER, J. H.,	Sergeant.
GARRETT, A. W.,	Sergeant.
GEER, F.,	Sergeant.
GIDDINGS, W.,	S.S.M.
GILLIGHAN, H. L.,	Sergeant.
GOBEL, W. R.,	R.S.M.
GOODRIDGE, C. E.,	Sergeant.
† GOULD, F. W., M.C., D.C.M.,	R.S.M.
GROVE, A.,	Q.M.S.
GUBB, J. R.,	A.S.S.
HAGGETT, S. G.,	R.S.M.
HARDIMAN, C. T.,	Sergeant.
HARMER, F. E.,	Sergeant.
HAZLEGROVE, A.,	Captain.
HEWITT, A. E.,	Sergeant.
HEWITT, C. H.,	C.S.M.
HILL, M.,	S.S.
HOMERS, F. H.,	S.M. of Gym.
HOPPER, J. H.,	Sergeant.
HORSEFIELD, J. C.,	C.W.M.S.
HORSPOOL, G.,	S.S.M.
HOWARD, A. T.,	S.S.
HUNT, M.,	S.Q.M.S.
IRVINE, F.,	C.S.M.
JACKSON, P. P.,	S.S.
JENNINGS, W.,	Farr. Sergt.
JOEL, D. H., D.C.M.,	S.M.
JOHNSON, C. C.,	Captain.
JONES, T.,	R.Q.M.S.

* Killed, Missing or Died.   †Wounded or Gassed.

ROLL OF HONOUR.

LODGE 397, CURRAGH CAMP—contd.

JONES, G. W.,	S.Q.M.S.
KELLY, W. R.,	S.Q.M.S.
KENT, C. R.,	S.Q.M.S.
KIRK, L.,	S.Q.M.S.
KNIBBS, W. L.,	Sergeant.
KNOTT, J. C.,	S.Q.M.S.
KYTE, E.,	S.Q.M.S.
LANGDALE, F. P.,	Sergeant.
LEAR, H. S. I.,	C.S.M.
† LEGGATT, W. J.,	Sergeant.
LEIGH, W. J.,	Far. E. Sergt.
LEWIS, B.,	C.Q.M.S.
LOCKYER, W. T.,	R.S.M.
LODGE, C.,	Captain.
† LONG, P. E.,	C.S.M.
McGHEE, W.,	Sergeant.
MACKLIN, A. R.,	Lieut.
† MALINS, S. P.,	S.Q.M.S.
MARCLAND, T. M.,	R.S.M.
MARKEY, J. D.,	Bandmaster.
MARSHALL, W.,	S.M.
MAY, D. G.,	Lieut.
MAYSON, J.,	Sergeant.
MEEHAN, W.,	S.S.
MEETENS, M. R.,	Sergeant.
† MEGGS, J. C.,	S.S.M.
MELT, C. E.,	S.Q.M.S.
† MERRIFIELD, J. J. N.,	C.S.M.
MILES, E. J.,	S.S.
MUDIE, D. C.,	Captain.
NEWALL, J. J.,	Sergeant.
* NEWSTEAD, E. R.,	C.Q.M.S.
NICHOLS, C. L.,	R.Q.M.S.
NIMORRO, H.,	C.Q.M.S.
† NOAKES, E. J.,	S.Q.M.S.
OSBORNE, J.,	Sergeant.

* Killed, Missing or Died.   †Wounded or Gassed.

ROLL OF HONOUR.

LODGE 397, CURRAGH CAMP—contd.

OSBORNE, J. G.,	Sergeant.
*OSGOOD, A.,	S.S.M.
OWENS, J.,	S.S.M.
†OXLADE, W.,	Lieut.
PAGE, J.,	Sergeant.
PARSONS, J. C.,	C.Q.M.S.
PARKER, C. H.,	Farr. Q.M.S.
PARKER, R. G.,	R.S.M.
PATEY, J. W.,	Sergeant.
†PEACOCK, W. A.,	C.S.M.
PHELCOX, K. H., D.C.M.,	Lieut.
POSTON, G.,	S.S.M.
PROCTOR, H. A.,	Sergeant.
PROQNELL, A. J.,	Sergeant.
RAYFIELD, W. C.,	S.Q.M.S.
REYNOLDS, E.,	S.M.
†RHODES, S. H.,	Sergeant.
RICHARDS, W., D.C.M.,	Sergeant.
RICHARDSON, A.,	C.S.M.
RICHARDSON, S. E.,	S.M.
RIPPON, D.,	Farr. Sergt.
†ROBERTS, J.,	R.S.M.
ROBERTS, A.,	S.Q.M.S.
ROBINS, A. J.,	Lieut.
†ROBINS, W. E.,	S.S.M.
ROBINSON, H. E.,	Band Sergt.
ROCHE, A.,	S.S.M.
ROCHE, H. J.,	Sergeant.
RODDIS, C.,	S.S.M.
ROGERS, A. P. J.,	Sergeant.
ROGERSON, R. B.,	Lieut.
ROSE, V. J. C.,	Sergeant.
ROWSELL, S. F.,	Lieut.
SAMPSON, R. A.,	S.S.M.
SARGEANT, F. E.,	Lieut.
SAUNDERS, G.,	Sergeant.

*Killed, Missing or Died.   †Wounded or Gassed.

ROLL OF HONOUR.

LODGE 397, CURRAGH CAMP—contd.

SAUNDERS, E.,	Sergeant.
SAUNDERS, J. H.,	S.Q.M.S.
SCOTT, L.,	Lieut.
SENIOR, A. G. T.,	R.S.M.
SHUABLE, F., D.C.M.,	R.S.M.
SIMKIN, W. W.,	S.S.M.
† SMEDLEY, B. R.,	C.Q.M.S.
SMITH, J. H.,	Q.M.S.
SMITH, O.,	S.M.
SMITH, T.,	S.Q.M.S.
† SMITH, W. J. B.,	Sergeant.
SMITH, F.,	S.Q.M.S.
SMITH, J.,	Farr. E. Sergt.
† SMITH, N.,	Sergeant.
SMITH, C. H.,	S.S.M.
SMITH, C. J.,	Farr. E. Sergt.
* SPALLE, E. J.,	Lieut.
STANLEY, R. H.,	C.Q.M.S.
STEPHENS, B.,	Sergeant.
STEVENS, R. H.,	S.S.
STEVEN, C. J. S.,	B.Q.M.S.
STEWART, A.,	Sergeant.
STEWART, L. A.,	S.S.
STILES, F. W.,	Q.M.S.
STONE, T. J.,	R.S.M.
STONELY, N. H.,	Sergeant.
SUGGATE, A.,	Sergeant.
SULLIVAN, F. W.,	Lieut.
SUMMERHILL, H.,	R.S.M.
SYMES, W. W. J.,	S.S.M.
TAMS, F. B.,	C.Q.M.S.
TAYLOR, A. H.	Captain.
TAYLOR, J.,	R.Q.M.S.
TAYLOR, F. J.,	Captain.
THOMAS, P.,	Sergeant.
† THORNTON, T.,	S.S.M.

*Killed, Missing or Died.   †Wounded or Gassed.

ROLL OF HONOUR.

LODGE 397, CURRAGH CAMP—contd.

TUNGAY, R. V.,	Sergeant.
TWEED, T.,	Sergeant.
TYSON, H.,	Sergeant.
USHER, S. C.,	Captain.
*VEAL, C. W.,	Sergeant.
WALKER, S. E.,	S.S.
WARBURTON, A.,	Sergeant.
WARE, H. R.,	Sergeant.
WATCHORN, F.,	S.S.M.
WATSON, C. H.,	Lieut.
WEBB, L. J.,	G.S.M.
†WELLER, A. J.,	Trooper.
WHEELER, J. R.,	G.Q.M.S.
WHITE, W. G.,	S.S.M.
WILCOCK, J. J.,	C.Q.M.S.
WILDER, F. H.,	S.S.
†WILKINS, J. J.,	Q.M.S.
WILLIAMS, H.,	C.S.M.
WILSON, H. J.,	R.Q.M.S.
†WISTON, W. R. J.,	Sergeant.
YOUNG, W. A.,	Sergeant.
YOUNG, H. G., D.C.M.,	S.S.M.

LODGE 401, KIMBERLEY.

ARMSTRONG, CHRISTR.,	Sapper.
FOOT, LIONEL S.,	Sergeant.
HUNTER, EDWARD,	Sapper.
JOHNSTON, THOS. L.,	Despatch Rider.
MILLEN, FRANK W.,	Private.
PRITCHARD, MATT. J.,	Q.M.S.

* Killed, Missing or Died.   †Wounded or Gassed.

ROLL OF HONOUR.

LODGE 402, ABBEYLEIX.

BURKE, HY. J., M.C.,	Capt., R.A.M.C.
CORRIGAN, SAMUEL,	R.D.F.
*EYRE-POWELL, J. W. A.,	Capt., C.F.
GREGORY, JOSEPH C.,	R.A.S.C.
*MOWBRAY, JAS. S. S.,	Capt., Black Watch.
SMYTH, GEORGE E.,	Corporal, R.E.
SMYTH, HY.,	Lieut., R.A.M.C.
VINCENT, JOHN M.,	Capt., C.F.
YOUNG, WILLIAM L.,	Lieut., R.A.M.C.

LODGE 407, RAMELTON.

†CHEATLEY, JOS. D.,	Private, Canadians.
†CORRY, FREDERICK,	Private, Canadians.
†DAVIDSON, HUGH,	Private, Canadians.
LOCKHART, MOSES,	Lieut., R.N.
†MACKEY, JAMES,	Private, Canadians.
PORTER, ALEXANDER,	Private.
PURKISS, SYDNEY,	Captain, R.N.
ROWAN, THOMAS,	Private.
SMITH, LEONARD F. E.,	Lieut., R.A.F.

LODGE 409, ARMAGH.

*ANDERSON, LEIGH M.,	Lieut., R.M.F.
†BARCROFT, GILBERT E.,	Lieut., R.M.F.
COAKLEY, JOHN T.,	Lieut., R.E.
†COLQUHOUN SAMUEL P.,	Lieut., R.M.F.
COWDY, ALFRED W.,	Lieut., R.N.R.
DUNLOP, JOHN L., M.C.,	Capt., R.A.M.C.
†ENSOR, CHARLES H.,	Capt., R.M.F.
FERRAR, BENJAMIN B.,	Capt., R.A.M.C.
†HENRY, THOMAS,	Lieut., R.M.F.
HUSTON, PERCY D.,	Capt., R.A.V.C.

* Killed, Missing or Died.   †Wounded or Gassed.

ROLL OF HONOUR.

LODGE 409, ARMAGH—contd.

LAWLESS, GEO. R.,	Capt., R.A.M.C.
†MATIER, N. C. M., M.C.,	Lieut., R.M.F.
PEEL, JOHN A.,	Corporal, R.E.
SMALL, ALEXANDER,	Lieut., R.M.F.

LODGE 410, DUBLIN.

DEVINE, DAVID,	Lieut., N.I.H.
DOGGETT, FRAS. H.,	Lieut.
GIFFIN, WM. CHAS. D., D.S.O., M.C.,	Lieut., R.I. Regt.
GORDON, PERCY N.,	Lieut., R.D.F.
PHAYRE, WM. H.,	Sergt., N.I.H. Mentd.
POULTON, GEO. V.,	Capt., R.D.F.
PRESCOTT, GEO. A., M.C.,	Capt., Tank Corps.
ROBINSON, CECIL WM.,	Capt., R.A.M.C.
SCOTT, ALEX.,	Lieut., R.D.F.

LODGE 411, DROGHEDA.

CHAMBERS, OLIVER,	Capt., N.F.
CREASER, THOMAS,	Surg. Lt.-Comdr., R.N.
ELLIS, F. C.,	Sergt., R.I.R.
†GALBRAITH, HUGH, M.C.,	Capt., R.D.F.
†HAINS, A. P. ROYSE,	Lieut., C.R.
*HITCHINS, HENRY M.,	Lieut., R.I.R.
*LEITCH, NEIL, D.C.M.,	Q.M.S. A. & S. H.
McINTYRE, ARCH.,	Sergt., R.A.M.C.
OAKES, JAMES,	Lieut., R.F.C.
PARR, WM. B.,	D.S., R.N.V.R.
PARR, WM. HENRY,	Surgeon, T.S.
PORTER, ALBERT GEO.,	Capt., R. Innis. Fus.
PORTER, WM. DUNBAR,	Capt., R. Innis. Fus.
SHAW, FREDERICK,	Capt., R.E.
SMITH, JOHN R.,	Corporal, R.A.S.C.

* Killed, Missing or Died.   †Wounded or Gassed.

ROLL OF HONOUR.

LODGE 412, DUBLIN.

DOWSE, WM. ROBT.,	Lieut., R.E.
DALLAS, ALFRED,	Lieut., R.F.A.
*JOHNSTON, J. IRWIN,	Private, R.F.
KENNEDY, ROBT. K. L.,	Lieut., R.D.F.
SIMMENDINGER, PERCY,	P.O., R.N.V.R.

LODGE 416, BALLYMACARRETT.

BUICK, FREDERICK,	Private.
BUTLER, JOHN W.,	Gunner, R.N.
CLEGG, HUBERT,	Lce.-Cpl., R.I.R.
GRAHAM, ALEXANDER,	E.R.A.
GRAHAM, JAMES F.,	E.R.A.
HAMILTON, ROBT. J.,	1st Mechanic, R.N.A.S.
HOOK, HENRY,	Gun Room Chief.
LINDSAY, HERBERT,	Private.
McCOY, JAMES C.,	Private, A.O.C.
McLINDSAY, BAIRD,	Private, R.A.M.C.
MILLER, JAMES,	Private.
*SHAW, JOSEPH WM.,	Private.
*TOWE, JOHN,	Private.
WALKER, WILLIAM,	Q.M.S., N.I.H.

LODGE 417, BELFAST.

JORDAN, WILLIAM,	Corporal, R.I.R.
TODD, EDWARD,	Corporal, R.I.R.

*Killed, Missing or Died.   †Wounded or Gassed.

ROLL OF HONOUR.

LODGE 418, BELFAST.

BURNS, ALEXANDER,	Captain, R.A.M.C.
CONROY, GORDON,	H.A.C.
† CURRIE, F. J. W.,	Lieut., Cheshire Regt.
GLENDINNING, H., D.S.O.,	Major, R.I.R.
HOWE, WILLIAM H.,	R.F.C.
IRWIN, ALBERT T.,	R.A.F.
LEITCH, JAS. F. L.,	Lieut, M.G.C.
* McMASTER, CHAS., M.C.,	Capt., R.I.R.
McMASTER, LANDRICK,	Lieut., R.I.R.
* SINTON, EDWIN, M.C.,	Capt., R.F.A.

LODGE 421, BELFAST.

BRENNAN, WM. D.,	Private, R.I.R.
† CRAIG, DAVID,	Sergt., R.A.S.C., M.T.
DAWSON, SAMUEL,	Private, R.E.
GREER, JAMES T.,	Artificer, R.N.
† JOHNSTON, JOHN,	Sergt., R.I.R.
† KYLE, DAVID J.,	Lieut., South Africans.
† LAWRENCE, R. H.,	W.S.S., R.A.S.C.
† STUART, THOMAS M.,	Lieut., R.I.R.

LODGE 423, BELFAST.

BAYLEY, R. N. A.,	Major, H.L.I.
CROSSLEY, DE VERE L.,	Lieut., R.A.S.C.
IRWIN, S. T.,	Capt., R.A.M.C.
LOWRY, C. G.,	Capt., R.A.M.C.
LYTTLE, G. G.,	Capt., R.A.M.C.
MALCOLM, H. P., M.C.,	Capt., R.A.M.C.
RIDDELL, W., M.M.,	Lieut., M.G.C.
THOMSON, W. W. D.,	Capt., R.A.M.C.
WILSON, W. J., O.B.E.,	Major, R.A.M.C.

* Killed, Missing or Died. †Wounded or Gassed.

ROLL OF HONOUR.

LODGE 424, BELFAST.

GREY, DUNCAN,	Eng. Lieut., R.H.R.
KARR, WILLIAM H.,	Lieut., Canadians.
WRIGHT, GEORGE,	S. Sergt., R.A.S.C.

LODGE 425, BELFAST.

ADDY, JOHN V., M.C.,	Capt., K.L.R.
DUFF, WM.,	Lieut., R.A.F.
FIX, D. TAYLOR,	Lieut., R.A.F.
FOX, F. U. M.,	Lieut., R.I.R.
GASTON, JAMES,	Lieut., R.I.R.
HARLAND, R. W.,	Gunner, R.G.A.
KEOWN, WM. SEWART,	Lieut., R.E.
* MacBRIDE, H. NORMAN,	Cadet, R.G.A.
MARSHALL, JAMES,	Lieut., R.I.R.
SIMPSON, JOHN,	Lieut., R.N.V.R.
SONHAMY, J. C.,	Gunner, R.N.
STEWART-CARLILE, A.,	Lieut., R.I.R.
WEDDERBURN, A. M.,	Private, R.G.A.

LODGE 427, BELFAST.

† BELL, JOSEPH,	Capt., Royal Scots.
FULTON, THOMAS,	P.O., R.N.
GAULT, SAML. HUGH,	Lieut.
† GILMORE, ROBERT,	Sergt., R.I.F.
STEELE, HARRY,	Motor Cyclists' Corps.

LODGE 431, BALLYMENA.

* CURELL, JOHN H.,	Private, K.R.R.C.
* ORR, ROBT. C.,	Capt., Somerset L.I.
PATRICK, MALCOLM W.,	Lieut., R.E.
PATRICK, NORMAN C.,	Capt., R.A.M.C.

* Killed, Missing or Died.   †Wounded or Gassed.

ROLL OF HONOUR.

LODGE 432, BELFAST.

AITKEN, ROBERT,	Private, R.A.F.
BAIRD, WILLIAM	Major, R.G.A.
BLACKBURN, SIDNEY J.,	Lieut., R.N.V.R.
DONAGHY, WILSON,	Private, R.I.F.
STOREY, JOHN W.,	Capt., M.B.E.
WILSON, THOMAS,	Corporal, R.E.

LODGE 433, MOUNTPOTTINGER.

† FRASER, THOS. OWEN,	Lieut.
† GIBSON, JOHN V.,	L. Corporal.
HARPER, JOHN WM.,	Major.
† McDOWELL, WM. J., M.C.,	Captain.

LODGE 434, BELFAST.

DONNAN, CHAS.,	Sergt., R.I.R.
† HOPE, JOHN K., M.M.,	Corporal, R.I.R.
KELLY, ROBT. HOPE,	Sergt., R.I.R.
† MULHOLLAND, ALF.,	Corporal, R.I.R.

LODGE 435, MOUNTPOTTINGER.

BLACK, RICHARD,	Artificer, R.N.
DIXON, JOSEPH, Junr.,	Private, R. Innis. F.
McKEE, WM.,	L. Corpl., N.Z.R.
SNOWDON, THOMAS,	L. Sergeant, R.I.R.
WILSON, DAVID W.,	Sergt., R. Innis. F.

* Killed, Missing or Died.   †Wounded or Gassed.

ROLL OF HONOUR.

LODGE 436, BALLYMACARRETT.

† COLEMAN, JOSEPH,	Private, R. Innis. F.
FRASER, JAMES W.,	R.N.R.
† GIBSON, CULVENOR,	Corpl., Dragoons.
† GRAHAM, DAVID, D.C.M.,	A/Capt., R.S.F.
† HOLNESS, ALBERT,	L. Corpl., R.E.
LARMOUR, ALEXANDER,	Rifleman, R.I.R.
McCLUNEY, GEORGE,	2/A.M., R.A.F.

LODGE 437, BELFAST.

JAMISON, ROBT. A.,	R.Q.M.S., R.I.R.

LODGE 438, RAPHOE.

† BATES, DAVID R.,	Lieut., R.I.R.
GOURLEY, JOS. McC.,	Lieut., R. Innis. Fus.
† LAYNG, ARTHUR E.,	Lieut., R.D.F.
MacFEETER, ROBERT E.,	Sergt., Canadians.
MOFFATT, WILLIAM J.,	Lieut., R.E.
* SHELDON, ROBT. M.,	Private, South Africans.

LODGE 443, NEWTOWNARDS.

† BEATTIE, WM., Junr.,	Driver, M.G.C.
MALCOMSON, A. McKAY,	Corpl., R.I.R.
MALCOMSON, THOMAS,	Rifleman, R.I.R.
MAXWELL, ROBERT,	Private, Canadians.
† MURPHY, HERBERT H.,	Sapper.
NEWELL, JAMES,	Pte., M.T., R.A.S.C.
PHILLIPS, ROBT. CHAS.,	Sapper.

* Killed, Missing or Died.   †Wounded or Gassed.

ROLL OF HONOUR.

LODGE 448, NEWTOWNARDS.

† FRANCIS, ROBERT,	Rifleman, R.I.R.
GORDON, CLAUDE R.,	Corporal.
† PATTERSON, JOHN,	Lce.-Cpl., K.O.S.B.,
WALLACE, WM. R.,	Airman, R.A.F.C.
WRIGHT, RICHD. P. M.,	Lieut., R.E.
† WRIGHT, WILLIAM M.,	Capt., R.I.R.

LODGE 451, CLOGHER.

COOTE, W. ALAN,	Capt., R. Innis. Fus.
CUTHBERTSON, H. S.,	S.M., R.A.S.C.
DUFF, HERBERT E.,	Gunner, R.F.A.
STEWART, WM., M.C.,	Major, R.I.F.
† TRIMBLE, ROBERT,	Corpl., R. Innis. Fus.

LODGE 453, CALLOWHILL.

* ANNESLEY, JAS. F. ST. J.,	Capt., R.A.M.C.
† CHAMBERS, RICHD., M.M.,	Private, N.Z. Contg.
DUFFY, JOS. SHAW,	Sapper, R.E.
GRAHAM, JAMES C.,	Corporal, M.T.
HILTON-SPRATT, Rev. J.,	Captain. C.F.
† WILLIS, THOMAS H.,	Sergt., R. Innis. F.

LODGE 458, SIMLA.

BRUCE KINGSMILL, J. C. de K.,	Lieut.-Col., R.A.
CARUTHERS, WM. H.,	Sergeant.
DAVYS, GERALD L.,	Major, I.M.S.
FENTON, G. CECIL V.,	Lt.-Col., R.E.
FITZGERALD, G.,	Sub-Conductor, I.M.L.
GARRETT, H. L. O.,	Capt., I.A.R.O.
GWYNN, CHARLES H.,	Major, S. & T. Corps.

* Killed, Missing or Died.   † Wounded or Gassed.

ROLL OF HONOUR.

LODGE 458, SIMLA—contd.

HEARD, RICHARD,	Colonel, I.M.S.
HIGGINS, ALFD. E.,	S.S., I.M.L.
HUMPHHREYS, ALFD. E.,	Lieut., S. & T. Corps.
JEFFORD, CHAS. V.,	S.M., R.A.M.C.
McCARTHY, WM T.,	Sub-Conductor, I.M.L.
MACDONALD, H. I.,	Sub-Conductor, I.M.L.
NUNN, SYDNEY A.,	Sergt., C. of M.S.C.
PAY, EDWARD,	Sub-Conductor, I.M.L.
PEARSE, GODFREY,	Major, S. & T. Corps.
PERRY, CECIL C.,	Sergt., I.M.L.
SCALES, GEORGE A.,	S.S., R.A.M.C.
TODHUNTER, WM. P.,	S.S., I.M.L.
WIDGER, GEO. W. B.,	S.S., I.M.L.

LODGE 470, COOKSTOWN.

CROTHERS, J. S.,	Major.
FERGUSON, WM. S. C.,	Lieut.
GRAVES, N. C. P.,	Lieut.
GRAVES, T. F.,	Lieut.
HOPPER, JOHN D.,	Lieut.
LAVERY, JOHN P., M.C.,	Lieut.
MANN, EDWARD W.,	Capt., R.A.M.C.
*MILLER, ROBERT,	Sergeant.
WRIGHT, Rev. J. J., B.A., M.C.,	Major.

LODGE 472, BALLINAMORE.

BURNS, GEORGE C.,	Sergt., R.A.M.C.
GRAHAM, ARCH.,	Gunner, R.F.A.
*WOOD, HENRY ALEX.,	Private, Australians.
YATES, LIONEL W. P.,	Captain, R. Innis. F.

* Killed, Missing or Died.   †Wounded or Gassed.

ROLL OF HONOUR.

LODGE 473, ENNISKILLEN.

   ABRAHAM, —,
 *BOYD, ROBERT,
   BRENNAN, FREDK.,
   HOLMES, G.,   Lieut.
   MOREMAN, ELIZAH,
   MORGAN, —,   Lieut.
 *TURKINGTON, WM. JAS.,
   WILSON, JAMES,

LODGE 479, STEWARTSTOWN.

   HARRIS, F. P., M.C.,   Capt., R.A.M.C.
   HENDERSON, R. W.,   Lieut., R.I.R.
   HILLIARD, GEO.,   Sergt., R.I.R.
 *SILKSTONE, JOHN W.,   Private.
   STEWART, JOSEPH,   Private, R.A.S.C.

LODGE 481, BALLYMACARRETT.

   ALLEN, W. M. K.,   Sergt., R.I.R.
   BOYD, DAVID, D.C.M.,   Sergeant, R.E.
   CAHILL, A.,   Private, Canadians.
   CRAIG, JAMES,   Private, R.I.R.
   CRAIG, ROBERT,   Lieut., R.I.R.
   FERGUSON, W.,   Sapper, R.E.
   GRAY, JAMES,   Sergt., R.A.O.C.
   HUNTER, H. G.,   S.M., R.A.S.C.
   MORRIS, HENRY,   Sergt., R.E.
   SAUNDERS, JOSEPH,   Sergt., R.N.
   SHIELDS, HUGH, M.M.,   Sergeant, R.A.M.C.
   SMYTH, JACKSON,   Sergeant, R.E.
   STEWART, J. C.,   Sergt., R.E.
   WINTER, R. G.,   R.I.R.

      * Killed, Missing or Died.   †Wounded or Gassed.

ROLL OF HONOUR.

LODGE 482, FIVEMILETOWN.

ARMSTRONG, HENRY T.,	Lieut.
JELLY, HERBERT,	Private.
* McCONNELL, WM. G.,	Dr.
MARTIN, Rev. TOM,	Lieut.
STANSFIELD, L.,	Cadet.
STEWART, JAMES B.,	Lieut.
STEWART, WM., M.C.,	Major.
WOODS, HAROLD,	Lieut.
YOUNG, SAMUEL,	Private.
YOUNG, THOMAS A.,	Private.
YOUNG, THOMAS A.,	Private.

LODGE 494, DUBLIN.

ENGLAND, ARTH. J.,	Lieut., R.D.F.
† HUNTER, JOHN F.,	Lieut., R. Innis. Fus.
MORRIS, MAX C.,	Lieut., E. Surrey Regt.
ORPEN, A. E.,	Lieut., R.E.
OWGAN, FRANCIS A.,	Lieut., R.A.F.
PHIPPS, J. PEDDAR,	Remounts.
REDMOND, ARTH. W.,	Lieut., R.I.R.
WOOTTEN, J. R.,	Sergt., R.E.

LODGE 495, MOHILL.

BOYD, WILLIAM H.,	Private, N.I.H.
BRADSHAW, A. O. E.,	Private, E. A. Forces.
BURNS, ARTHUR,	Surg.-Major.
GEELAN, MATHEW H.,	Corporal, S.I.H.
† IRWIN, SAMUEL W.,	Capt., R.E.
† PENTLAND, ST. CHAS. J.,	Capt., R.A.M.C.
† SMITH, CHARLES L.,	Lieut., Manchester Regt.

* Killed, Missing or Died.   †Wounded or Gassed.

ROLL OF HONOUR.

LODGE 500, DUBLIN.

*COCKBURN, H. H., M.M.,   2nd Lieut., R.I. Regt.

LODGE 513, LIGONIEL.

ISDELL, WM. N.,	Private.
McKITTRICK, SAML.,	S.M.
McLEAN, ROBERT,	S.M.
WHITE, JOSHUA,	Private.

LODGE 531, MONEYMORE.

ALLEN, GEORGE H.,	Private, R.A.F.
BEATTIE, ALEX.,	Private, C.E.F.
†BELL, LESLIE,	Private, R. Innis. F.
CRAWFORD, FRED. E.,	Cadet, R.A.F.
DUFF, THOMAS,	Corpl., R. Innis. Fus.
FRAZER, GEORGE T.,	Corporal, R.E.
GARVIN, SUFFERN,	Private, R.A.F.
HARRIS, ROBT. W.,	Sergeant, R.A.S.C.
HOLMES, DAVID G.,	S.M., C.E.F.
JOHNSTON, FREDK. W.,	Private, C.E.F.
KINGSTON, HENRY G.,	Private, R.I.R.
KINGSTON, HENRY G.,	Private, R. Innis. Fus.
McIVER, WILLIAM J.,	Captain, R.A.M.C.
McIVER, S. L., M.C.,	Captain, R.F.A.
McIVER, DAVID,	Private, N.Z. Regt.
McKEOWN, GEORGE S.,	Sergeant, Leinster Regt.
McKEOWN, ROBERT W.,	Private, R.N.A.S.
McKEOWN, T. A.,	Private, U.S. Army.
McKINLAY, GEORGE B.,	Sergt., A.P.S., R.E.
ORR, THOMAS A..	Private, R. Innis. Fus.
RANKIN, ROBERT,	Private, R.I.R.
SANDFORD, JOHN H. E.,	Capt., Bedfords.
SHARPE, WM. M., D.S.O.,	Major, R.G.A.
†SHAW, WM. G.,	Private, R.G.A.
SLOAN, ANDREW,	Private, A.E.F.

* Killed, Missing or Died.   †Wounded or Gassed.

ROLL OF HONOUR.

LODGE 532, CURRAN.

ALLEN, THOMAS J.,	Sergt., School of M.
ANDERSON, M. J.,	Lieut., R.N.R.
ARBUTHNOT, SAMUEL,	Eng., R.N.R.
BOWMAN, RICHD. W.,	Corporal, M.G.C.
BOWMAN, THOMAS,	Private, Canadians.
BRADLEY, JOHN S.,	Lieut., R.F.C.
BRADLEY, JOSEPH H.,	L. Corpl., Canadians.
BROWN, ROBERT,	Corporal, R.E.
ELLIOTT, ANDREW,	Private, N.Z.F.
*HAMMOND, WM. J.,	L. Corpl., R. Innis. F.
LOVE, ANGUS M.,	Private, R.A.S.C.
LOVE, THOMAS,	Private, Canadians.
McCOMBE, JOSEPH,	Private, Canadians.
McGUCKIN, ARCH.,	Corporal, R. Innis. F.
MASON, JAMES,	Gunner, R.G.A.
MITCHELL, JAMES, M.C.,	Lieut., R. Innis. F.
MORTON, ANDREW,	Private, N.Z.R.B.
*OLIVER-THOMPSON, J. H.,	Major, M.G.C.
*PARKS, WM. J.,	Corporal, Canadians.
*PATTERSON, ALEX. H.,	L. Corpl., Canadians.
PAUL, RICHARD,	Private, R.F.C.
STEWART, THOMAS,	L. Corpl., R. Innis. F.
SWINERTON, O. R.,	Private.
WRIGHT, ROBERT M.,	Trooper, Canadians.

LODGE 537, CULLYBACKEY.

ANDREWS, JACK,	Canadians.
BEATTIE, GEORGE,	N.I.H.
*FORGRAVE, WILLIAM,	R.I.R.
HUNTER, ROBERT,	R.A.M.C.
LETTERS, ROBERT,	R.E.
McIVOR, JOHN,	Lieut., R.I.R.
RAINEY, ALEX.,	S.M., R.I.F.
TAYLOR, JOHN, M.C.,	Lieut., R.I.F.
TOWNSEND, Rev. H. C., M.A., M.C., C.F.	

* Killed, Missing or Died. †Wounded or Gassed.

ROLL OF HONOUR.

LODGE 565, LAMBEG.

    CAMPBELL, JOHN C.,   E.R.A., R.N.
* McCORMACK, C. McN., M.C., Major, R.A.M.C.

LODGE 570, 5th DRAGOON GUARDS.

† ADAMS, E.,	S.Q.M.S., D.G.
ALDEN, F. N.,	R.S.M., Canadians.
† ANDREWS, S.,	Sergeant, D.G.
AVES, E. P.,	Q.M.S., Canadians.
AYLING, F.,	S.S.M., D.G.
BAILEY, J.,	Sergeant, D.G.
BAMFORD, F.,	Capt., R.A.O.C.
BANKS, H. E.,	Sergeant, R.E.
BARTON, N. J.,	Major, Canadians.
BAXTER, J.,	Q.M.S., Canadians.
BECKLEY, A.,	Sergeant, D.G.
BILLYCALD, S.,	Sergeant, D.G.
BISHOP, A. H.,	Sub-Conductor, Canadians
BLATHERWICK, S.,	Sergeant, D.G.
BRANCH, A. H.,	S.Q.M.S., D.G.
BROACH, F. H.,	Captain.
BROWN, A. E.,	Lt.-Col., A.P.C.
BUDDEN, W.,	Q.M.S., D.G.
* BURGESS, W.,	Lieut., D.G.
CANDELIN, J.,	Sergeant, D.G.
CHANTLER, J. T.,	C.S.M., Tanks Corps.
CONNOCK, E. J.,	Lieut., King's A.R.
CONRAD, J.,	S.S.M., A.P.C.
CUMBERLEDGE, C. F.,	Lieut., D.G.
DAVIS, T. R.,	Major, R.A.O.C.
* DAWSON, C. H.,	Lieut., R.I.R.
DAWSON, H. S. A.,	Sergeant, D.G.
DIPPLE, G. W.,	Sergeant, D.G.
DIXON, H.,	Sergt., Royal Scots

    * Killed, Missing or Died.   †Wounded or Gassed.

ROLL OF HONOUR.

LODGE 570, 5th DRAGOON GUARDS—contd.

DRUMMOND, R. H.,	Capt., A.P.C.
† DUNBAR, L. M.,	Major, D.G.
ELEY, F. S.,	S.S.
ELSON, A.,	Capt., R.A.S.C.
EVANS, D.,	Sergt., Canadians.
FARRIN, A. C.,	R.S.M., R.A.O.C.
FRANKLIN, C.,	Sergeant, D.G.
GODBOLD, T. H.,	S.S.F., D.G.
GORDON, J. E.,	Lieut., D.G.
GORDON, C. M.,	Bandmaster, D.G.
GRACE, A. V.,	S.Q.M.S., D.G.
GRAY-TOD, A.,	Capt., R.A.M.C.
GRAY, W.,	Sergt., D.G.
GREYSON, E. W.,	Sergt., A.P.C.
HADIDA, A.,	Sergt., D.G.
HARD, T.,	S.S.M., A.P.C.
HARDY, G. E.,	S.S., R.A.M.C
* HARRINGTON, G.,	Lieut, D.G.
HARRINGTON, L.,	Sergeant, D.G.
HARRIS, D. G. O.,	R.S.M., D.G.
HARRISON, C.,	R.Q.M.S., D.G.
† HESTER, E. R.,	S.S.M., D.G.
HILL, J. P.,	S.Q.M.S., A.P.C.
HOBBS, A. T.,	Sergeant, D.G.
HOLROYD, W. H.,	Major, R.A.F.
HORDERN, Rev. A. V. C.,	C.F.
* HOWARD, E. J.,	Sergeant, D.G.
HOWARD, A. W.,	Lieut., R.A.F.
INGRAM, J. L.,	Lieut., R.F.A.
ION, G.,	Lieut., L. & B. Horse.
JAMES, A. E.,	C.S.M., Canadians.
JAMESON, J. F. W.,	Sergt., Canadians.
† JONES, A. T.,	Lieut., Yorks Regt.
* JOHNSON, W. H.,	Sergeant, D.G.
KETTLE, A.,	S.S.M., D.G.
KNIGHT, G.,	Lieut., R.E.

* Killed, Missing or Died.   †Wounded or Gassed.

ROLL OF HONOUR.

LODGE 570, 5th DRAGOON GUARDS—contd.

LANE, A. F.,	S.Q.M.S., D.G.
LANGFORD, W.,	Capt., D.G.
LINDSAY, J. F.,	Capt., A.P.C.
LINE, G. F.,	S.S.M., A.P.C.
LINES, E. W.,	S.S., A.P.C.
LOVETT, G. T.,	S.S.M., D.G.
LYONS, H. C.,	S.S.M., A.P.C.
MARTIN, W. A.,	Lieut., Bucks L.I.
MORRIS, E.,	S.S.M., R.A.S.C.
MUIR, P.,	R.S.M., D.G.
MURPHY, W. J.,	C.S.M., Sussex Regt.
NETTLEFOLD, E. J.,	Capt., D.G.
*NORWOOD, J., V.C.,	Capt., D.G.
†NUNN, B. E.,	S.Q.M.S., D.G.
OWEN, R. A., O.B.E.	Major, R.A.V.C.
*PARRY EVANS, H. H.,	Q.M.C., Canadians.
PARSLEY, W. C., M.C.,	Major, Norfolk Regt.
PATRICK, S. C.,	Sergt., D.G.
PEARCE, J. A.,	C.S.M., R.A.S.C.
PENN, G. J.,	Capt., W.Y. Regt.
PRESTON, J. W.,	Major, Leicester Regt.
RANDALL, W. E.,	Lieut.
REID, C. H.,	Lieut., D.G.
RIGDEN, J. W.,	Sergeant, D.G.
ROBINSON, W. G.,	R.S.M., D.G.
†SMITH, H. E.,	S.Q.M.S. D.G.
*SMITH, C. A. H.,	Sergeant, D.G.
SPENDLOVE, F.,	Sergeant, D.G.
STEVENS, B. J.,	Capt., Tanks Corps.
STOLLERY, A.,	S.S.M., A.G.S.
STRACHAN, W.,	R.S.M., R.E.
TROWBRIDGE, T.,	R.Q.M.S., Tanks Corps.
VEAL, J.,	S.S.F., D.G.
VEASEY, K. H. F.,	A.S.M.
WADE, T.,	S.S.M., D.G.
WALTON, W. A.,	Lieut., R.A.S.C.

* Killed, Missing or Died.   †Wounded or Gassed.

ROLL OF HONOUR.

LODGE 570, 5th DRAGOON GUARDS—contd.

WARREN, G. D.,	C.S.M., Tanks Corps.
WATKIN, E. W.,	Sergeant, D.G.
WELDON, W.,	Sergeant, D.G.
WHICHER, A. S.,	Sergeant, D.G.
*WHISTON, J.,	Sergeant, D.G.
WHITE, F. G.,	Captain, D.G.
WILLIAMS, W. G.,	C.Q.M.S., Sussex Regt.
WINWOOD, W. Q., C.M.G., D.S.O., O.B.E.,	Lt.-Col., D.G.
WOBSCHALL, W.,	Sergt. Tptr., D.G.

LODGE 574, CLOUGH.

CALDERWOOD, A. S.,	Rifleman, R.I.R.
CRAWFORD, E. J.,	Lieut., R.G.A.
CRAWFORD, R.,	Rifleman, N.Z.
CUMMING, S., D.C.M.,	C.Q.M.S., R.I.R.
McCAY, JOHN,	Sergeant, Canadians.
McCAY, ROBERT,	Sergeant, N.Z.
McCAY, SAMUEL,	Lieut., R.I.R.
McTURK, W. J.,	Stoker, R.N.

LODGE 588, DONEGAL.

ATKINSON, T. J. D., O.B.E.,	Capt., R.I.F.
BENTLEY, JAMES E.,	C.P.O., R.N.R.
CHEETHAM, JOHN,	L. Boatman, R.N.
*COLLINS, NEWTON,	Lieut.
COULTER, SAML. S.,	Private, Canadians.
*DUNCAN, JOSEPH,	Corpl., R. Innis. F.
DYER, WILLIAM,	W.O., R.N.
FLEMING, WALLACE E.,	P.O., R.N.
GRAHAM, WILLIAM,	Private, Americans.
HORN, SAMUEL,	C.P.O., R.N.
KENNEDY, HENRY A.,	Sergt., R.A.F.
LYTTLE, JOSEPH,	Lieut., R.N.R.

* Killed, Missing or Died.   †Wounded or Gassed.

ROLL OF HONOUR.

LODGE 588, DONEGAL—contd.

*MacLEAN, JAS. A., M.C.,	Lieut., R.F.A.
McPHAIL, ROBERT,	Engineman, R.N.R.
MALSEED, HENRY,	Lieut., R. Innis. Fus.
MASON, ERNEST V., M.C.	Lieut., R.F.A.
MORROW, WM. ROBT.,	Private, R. Innis. F.
STRUTHERS, ANDREW,	Lieut., R.N.R.
TAYLOR, JOSEPH,	C.E., R.N.
TOMLIN, CHAS. H.,	C.P.O., R.N.

LODGE 589, ISLAND OF INCH.

BELL, ROBT. J.,	Lce.-Corpl., R. Innis. Fus.
BROWN, ROBT. E.,	Trooper, N.I.H.
BUCHANAN, WILLIAM,	Lieut., Leinster Regt.
CRAIG, SAMUEL,	S.M., R. Innis. Fus.
†CRESWELL, DAVID A.,	Lieut., R.I.R.
†CRESWELL, THOMAS,	Lieut., R.I.R.
DONALDSON, WM.,	Sapper, R.E.
FISHER, WM. J.,	P.O., R.N.
GOSLING, CHAS. E.,	P.O., R.N.
HENDERSON, FRED,	P.O., R.N.
JENKINS, ROBT.,	P.O., R.N.
KING, EDWIN,	S.M., R. Innis. Fus.
LAWRENCE, ARTH. B.,	Private, M.T.
LOWTHER, JOHN,	Sergeant, Canadians.
McCLINTOCK, S. A.,	Captain, R.A.M.C.
McCLINTOCK, T. A.,	Captain, A.V.C.
*McCLURE, ERNEST,	Lieut., R. Innis. Fus.
McCLURE, NORMAN,	C.Q.M.S., R.F.A.
MAY, JOHN,	M.T.
REYNOLDS, JAMES,	Trooper, N.I.H.
STEELE, ANDREW,	Cpl., R. Innis. Fus.
TATE, HAMILON, M.M.,	Private, Canadians.
TOMB, JOHN S.,	Captain, R.A.M.C.
WHITESIDE, JOHN C.,	S.M., N.I.H.
WILSON, DAVID,	Private, A. & S. H.

* Killed, Missing or Died.   †Wounded or Gassed.

ROLL OF HONOUR.

LODGE 595, 5th R.I. LANCERS.

ADDINSELL, A. W.,	Captain.
ALEXANDER, THE HON. H. C., D.S.O.,	Captain.
ALLISON, A., M.C.,	Lieut.
BARRETT, E.,	S.M.
† BRILL, F. W.,	Lieut.
BUCHANAN, B.,	Lieut. Mentd.
BURRIDGE, G. J.,	Major. Mentd.
CANE, J.,	S.M.
CARTWRIGHT, J., M.M.,	S.M.
CASTELLAIN, E. F.,	Lieut.
CLENSHAW, W., D.C.M.,	Lieut.
* DREW, H.,	S.M.
† GOODFELLOW, C.,	Lieut.
† GORDON-DILL, J. M.,	Captain.
* HEPWORTH, H. A.,	S.M. Mentd.
HOLMAN, H.,	S.M.
KIBLER, H.,	Lieut.
McCLINTOCK, G. M., D.S.O.,	Lt. Col. Mentd.
* McCURDY, —,	Lieut.
MACDOUGALL, A. I., D.S.O., M.C.,	Major.
* MADDICK, H.,	Captain.
METHERALL, H.	Lieut. Mentd.
MILNER, G.,	Colonel.
MISKIMMON, J. H., D.C.M.,	Lieut.
MOBEY, A.,	R.S.M. Mentd.
PACKHAM, A. C.,	S.M.
PURCHASE, F.,	Captain.
RAMSDEN, E., M.C.	Capt. Mentd.
RICE, J. A. T., M.C.,	Capt. Mentd.
SEBAG-MONTEFIORE, W., M.C.,	Capt. Mentd.
* THACKERAY, W. H.,	Lieut.
TYRRELL, G. W.,	Lt. Colonel. Mentd.
VALLANCE, V. de V. M.,	Captain. Mentd.
WYATT, F. D., M.M.,	R.S.M. Mentd.

* Killed, Missing or Died.   †Wounded or Gassed.

ROLL OF HONOUR.

LODGE 602, DERRIAGHY.

ALDERDICE, J.,	Sapper, R.E.
ALEXANDER, T. J.,	Private, R.I.R.
BROTHERTON, G.,	Private, N.Z.R.
GOWAN, J. C.,	C.S.M., R.I.R.
HANNA, W. H.,	Corporal, R.I.R.
HANNA, S.,	Gunner, Tank Corps.
HUNTER, S. R.,	Capt., R.A.M.C.
*LAVERTY, J.,	Lieut., R.I.R.
McCASHIN, J., M.C.,	Capt., Canadians.
McCRACKEN, R.,	Private, R.I.R.
McKEOWN, A. B.,	Sergt., R.I.R.
MOORE, W. A.,	Sergt., R.I.R.
MOORE, J. R.,	Sergt., R.I.R.
MURDOCH, A.,	Sergt., R.A.S.C.
RIPPARD, W.,	Aircraftsman, R.A.F.
WILLIAMSON, F.,	Capt., Canadians.

LODGE 609, BELFAST.

*CROTTY, RICHD. A.,	Black Watch.
DICKSON, ROBERT,	Sergt., R.A.S.C.
McCLELLAND, WM.,	Sergt., R.A.S.C.
McKELVEY, JOHN,	Lieut., R.N.R.
McNEILL, WM. N.,	Lieut., R.I.R.
ROBINSON, W. J.,	Sergt., R.A.M.C.
ROBINSON, W. J. H.,	Sergt., R.I.R.
SORAHAN, JOHN J.,	South Africans.
THOMPSON, DAVID,	Black Watch.

*Killed, Missing or Died.   †Wounded or Gassed.

ROLL OF HONOUR.

LODGE 615, LARNE.

CANNING, NORMAN,	Lieut., R.I.R.
CANNING, JAS. A., JUNR.,	Eng., Transport Ser.
CLARKE, LOCKSLEY,	Lieut., R.N.V.R.
FERGUSON, DANIEL,	R.I.R.
GIFFEN, NATHANIEL,	Canadian Scottish.
GLENDINNING, HENRY,	Lieut., R.I.R.
MARTIN, JOHN,	Artificer, R.N.
REDDY, AUSTIN P.,	Lieut., R.I.R.
THOMPSON, GEO. B.,	Private, Canadians..

LODGE 620, DUBLIN.

CARNEGIE, J. H.,	Capt., R.A.S.C.
COLLINS, H. S.,	Major, R.A.S.C.
CRAIG, DAVID L.,	Lieut., R.A.F.
DISNEY, T. B. L., M.C.,	Capt. O.L.I.
DICKIE, T. WALLACE,	Major, R.D.F.
JACKSON, R. W. H.,	Major, R.A.M.C.
JACKSON, C. R., M.C.,	Major, R.F.A.
KERR, JOHN S. D.,	P'master Sub-Lt., R.N.V.
PINCHIN, J. F.,	Lieut., R.N.R.
TODD, A. W. P.,	Lieut., R.A.M.C.
WALLACE, R. H., C.B.,	Col., R.I.R.
WHITE, R. GROVE,	Lieut., Leinster Regt.
WILLIAMSON, RICHD.,	Capt., R.A.S.C.
YOUNG, ROBERT C.,	Lieut., R.N.V.R.

LODGE 623, ARMAGH.

BOYD, THOS.,	Sergt., R.I.F.
KERNAGHAN, THOS.,	S.S., R.A.M.C.
REID, WM. G.,	Sergt., R.E.
TAYLOR, GEO. D.,	Lieut., R. Innis. Fus.
BARNES, THOS. F.,	Sergt., R.I.F.
MANN, HENRY E. T.,	R.N.R.

* Killed, Missing or Died.   †Wounded or Gassed.

ROLL OF HONOUR.

LODGE 625, LOUGHGALL.

ALLEN, A. D.,	Capt., R.I.F.
ALLEN, A. E.,	Private, Australians.
COPE, J. R. O.,	R.A.S.C.
†ENSOR, C. H.,	Capt., R.I.F.
†ENSOR, F. O.,	Lieut., R.N.R.
ENSOR, E. N.	
*ENSOR, G. C.,	Canadians.
ENSOR, ED.,	Canadians.
MARSHALL, D. L.,	Private, R.I.F.
WALKER, D. B.,	Private, R.E.

LODGE 640, LONDONDERRY.

ATKINS, JABEZ N.,	S.M., N.I.H.
CRAIG, SAMUEL,	C.Q.M.S., R. Innis. F.
DAVIS, CLIFFORD R.,	C.Q.M.S., Somerset L.I.
DOWN, WM. G.,	Sergt., R.S.F.
*DUFF, JOHN,	2nd Lieut., R. Innis. F.
*FULLER, JOHN J.,	Eng. Lieut., R.N.
GULLICK, THOMAS,	R.G.A.
†IRVINE, JAMES A.,	Sergt., Canadians.
LESTRILLE, FREDK. T.,	Sergt., Somerset L.I.
McCONNELL, THOS.,	C.Q.M.S., R. Innis. F.
NEELY, SAMUEL M.,	R.S.M., Canadians.
PORTER, THOMAS A.,	Instr., R.N.
WHITE, FRED J.,	Sergt., M.F.P.
WILLIAMSON, WM. R.,	2nd Lieut., R. Innis. F.

LODGE 642, KILKENNY.

ALEXANDER, WM.,	Corporal, K.E.H.
ARNOLD, CHAS. W.,	Trooper, K.E.H.
BOYCE, PERCY E.,	Trooper, K.E.H.
†BUTLER, J. G. T.,	Capt., Life Guards.
CHAMBERS, FRED,	S.M., S.I.H.

* Killed, Missing or Died.   †Wounded or Gassed.

ROLL OF HONOUR.

LODGE 642, KILKENNY—contd.

†CHEARNLEY, CHAS. L.,	Lieut., R.G.A.
DRENNAN, CHAS. E., M.D.,	Red Cross.
†FAUSSET, W. W. B.,	Lieut., R.F.A.
HYAMS, JULIUS,	Trooper, K.E.H.
JAMES, REV. W. C. J.,	C.F.
KEARNEY, W. T.,	Lieut., R.N.R.
LUSCOMBE, GEORGE A.,	Lt.-Col.
McDONALD, CHAS.,	Surgeon, R.N.
SANDERSON, THOS. E.,	Sergeant, R.A.M.C.
TRIPP, G. C. H.,	
TURNER, MAX,	Corpl., K.E.H.
*WEBB, SAML. C.,	Capt., R.M.F.
WHITE, THOS. C.,	Trooper, K.E.H.

LODGE 645, CARNMONEY.

*CALDWELL, SAMUEL,	R.I.R.
GILLILAND, JAMES,	Sapper, C.E.
McCREA, WM. S., M.M.,	2nd Lieut., R.B.
McKINTY, HUGH,	R.E.

LODGE 660, MOUNTMELLICK.

DEWAR, ERNEST T.,	R.A.M.C.
DOWLING, ROBERT,	New Zealanders.
HOUSTON, THOMAS,	Commander, R.N.R.
LANGFORD, DAVID F.,	Irish Guards.
MITCHELL, JAMES H.,	Sergt., K.R.R.
NAGLE, HENRY,	S.I.H.
SMITH, JOHN T.,	S.I.H.
SMITH, GEORGE V.,	Lieut., R. Innis. Fus.
STOREY, JOHN,	R.N.
WILKIE, WILLIAM,	Lieut., Leinster Regt.
WORKE, ROBT. J.,	H.A.C.

* Killed, Missing or Died.   †Wounded or Gassed.

ROLL OF HONOUR.

LODGE 662, EDENDERRY.

    DUNNE, JAMES S.,   Major, R.A.M.C.
    HAMILTON, WM. R. G.,   Capt., R.A.M.C.
* MATHER, WM. E.,   2nd Lieut., R.E.
    TYRRELL, G. W. G.,   Lieut., R.E.

LODGE 663, BELFAST.

    BROWN, ROBT.,   Eng.-Lieut., R.N.
    CLARK, ROBT. D.,   R.Q.M.S., Canadians.
    LANGTRY, WM. R.,   Capt., R.I.R.
    MacROBERTS, HUGH,   Sergt., R.E.
    MOORE, ROBT. M., M.M.,   Lieut., R.I.R.
    MOORE, JOHN J.,   Eng.-Lieut., R.N.
† ROLLINS, SAML. J.,   Private, R.I.F.
    ROLLINS, THOS. D.,   French Red Cross.
    SCOTT, DAVID,   Eng.-Lieut., R.N.
* SILVEY, WM. J.,   Private, M.G.C.
    SMYTH, JOHN,   R.A.M.C.
    WADDELL, SAML.,   R.N.
    WHITTLEY, THOS. J.,   Sergt., R.I.R.

LODGE 664, BELFAST.

    CALLAN, JAMES,   Australians.
    FORDE, SAML. L.,   Sergt., R. Innis. F.
    HANNA, THOMAS,   N.I.H.
    HUNTER, JOHN,   R.I.R.
* McDOWELL, ROBT. W.,   R.M.F.
    MARTIN, WM. H.,   Lieut., K.S.L.I.
    PALMER, ROBT. W.,   Art., R.N.R.
    QUINN, THOMAS,   S.M., R.I.F.
* SILLARS, THOMAS,   R.I.R.

* Killed, Missing or Died.   † Wounded or Gassed.

ROLL OF HONOUR.

LODGE 665, BELFAST.

AGNEW, SAMUEL,	Sergt., R.E.
BANNON, THOS. H.,	R.I.F.
DUNN, ALBERT,	Sergt., R.I.R.
SMITH, WM.,	Sergt., R.I.R.
WILLIAMS, THOS.,	Corporal, I.G.

LODGE 666, DUBLIN.

BURGOYNE, CLARENCE,	Captain.
GRAHAM, JOHN W.,	Captain.
LEWIN, WM.,	
MARRS, ERNEST,	Sub-Lieut.
ROBINSON, CHARLES,	
STEPHENS, NORMAN E.,	Captain.

LODGE 667, BELFAST.

† BURGESS, ERNEST,	Lce. Cpl., R.E.
* CHIPLIN, WM. A.,	Capt., R.I.R.
DYER, THOMAS,	Sergt., R.A.F.
GREER, THOS. M.,	Lieut. Col., "King's Own."
HAMILTON, WILLIAM,	Private, K.O.S.B.
† JARDIN, ANDREW,	S.Q.M.S., R.A.S.C.
McALERY, JOHN M.,	Capt., R.A.F.
McCLUGHAN, JOHN C.,	Capt., R.I.R.
PINKERTON, JOHN G.,	Captain, R.N.S.
SIMS, GLINTON R.,	Lieut., R.I.R.
STEVENSON, T. G.,	Private, R.I.R.
TREADWELL, C.,	Lieut., T.S.

* Killed, Missing or Died.   †Wounded or Gassed.

ROLL OF HONOUR.

LODGE 675, DONAGADEE.

BOYD, WILLIAM,	Lieut., 7th Hussars
BOYD, WILLIAM JOHN,	Sergt., R.I.R.
BOYD, ANDREW,	Sergt., R.A.S.C.
BROWN, JOHN H.,	Private, R.E.
† BUNTING, JAMES,	Sergt., I.W.T.
† BUNTING, ROBT.,	L. Corpl., R.I.R.
CAMPBELL, HUGH,	Q.M.S., Canadians.
CRUSE, WILLIAM,	Sergt., R.E.
DAVIDSON, JAMES E.,	Sergt., S.A.F.
DAVIS, THOMAS L.,	Coastguard.
DUCAT, GERALD,	Lieut. Com'dr., R.N.
FULLERTON, MARCUS,	Lieut., R.I.R.
GILL, WILLIAM,	Coastguard.
† GRAY, ALEXANDER,	Corpl., R.I.R.
HAISLEY, SAMUEL,	Private, R.A.S.C.
HARPER, WILLIAM,	S.M., I.W.T., R.A.S.C.
HENRY, HUGH,	O.S., R.N.
HERRON, WM., M.M.,	Sergt., R.E.
HERRON, JOHN,	Corpl., R.A.S.C.
HITT, WILLIAM,	C.P.O., Coastguards.
KNIGHT, A. E., D.S.O., M.C.,	Major, R.A.M.C.
LLOYD, THOMAS A.,	Driver, R.A.S.C.
McCONNELL, JOHN D.,	Lieut., R.I.R.
McDOWELL, ALEX.,	D.O., R.N.
McKIBBIN, ANDW., Junr.,	Private, R.I.R.
MULHOLLAND, H. H.,	Capt., R.A.M.C.
RICHES, WM. R.,	Coastguard.
RUTHARD, FREDK.,	Coastguard.
SHAW, WILLIAM H.,	Coastguard.
SIMPSON, JOHN,	Private, I.W.T.
SIMPSON, THOMAS,	P.O., R.N.V.R.
THORNE, FREDK. G.,	Coastguard.

* Killed, Missing or Died. †Wounded or Gassed.

ROLL OF HONOUR.

LODGE 683, HILLSBOROUGH.

† GIBSON, DAVID,	
† JOHNSTON, ROBT.,	Lce.-Cpl., R.I.R.
† MORGAN, JOHN,	Rifleman, R.I.R.
ORR, REV. J. HERBERT,	Captain. C.F.
† SINGLETON, THOMAS,	Rifleman, R.I.R.
STANFIELD, ROBT. A.,	Corporal, R.E.
SUTHERLAND, ALLAN,	Sergt., M.G.C.
† TURNER, JAMES, M.M.,	Sergt., R.I.R.
WADHAM, ALEX.,	Private, R.A.M.C.

LODGE 685, BALLYMACARRETT.

† BOYLE, ALEXANDER,	Lieut., R.I.R.
CATHCART, THOS. C. D.,	Capt., R.A.M.C.
† CAUL, JOHN W.,	Sapper, R.E.
† DYER, ROBERT,	Sapper, R.E.
* HANLEY, DAVID,	L. Corporal, R.I.R.
† MARTIN, R.,	R.I.R.
† MARTIN, B.,	R.I.R.
ORWIN, ALBERT,	Lieut.
STEWART, JAMES,	Lieut., Canadians.
VANCE, WILLIAM, M.C.,	Major. Mentd.
WAUGH, JOSEPH,	Rifleman, R.I.R.
WILSON, GEORGE,	R.A.F.

LODGE 686, BALLYMACARRETT.

CRAYTHORNE, FREDK. J.,	Gunner, R.G.A.
DUNBAR, DAVID,	Q.M.S., R.I.R.
GORDON, ALEX.,	2nd Eng., R.N.
HOUSTON, J., M.M.,	Cadet, T.C.
MAGEE, WILLIAM J.,	Art., R.N.
MIDDLETON, HIRAM V.,	Eng., R.N.
STAFFORD, THOMAS H.,	R.Q.M.S., R.I.R.
† SWANN, THOMAS H.,	Lieut., R. Innis. F.
WATKINS, EDWARD,	S.M., R. Innis. F.

* Killed, Missing or Died. † Wounded or Gassed.

ROLL OF HONOUR.

LODGE 697, WARRENPOINT.

BELL, THEODORE,	Capt., R.A.M.C.
BURNS, ROBT. H.,	Q.M.S., R.E.
BOURHILL, ALEX.,	Eng., R.N.
CLARKE, WILLIAM J.,	2nd Lieut., R.I.R.
ELLIOTT, JOHN F.,	Capt., R.A.M.C.
GLENNY, WILLIAM W.,	Capt., R.A.M.C.
HALL, FRANK,	Colonel, Staff.
JOHNSTON, E.,	Captain.
LYONS, —,	Captain.
McCREA, CHARLES E.,	Capt., R.A.V.C.
McGIBNEY, JAMES E.,	South African Forces.
MAYNE, HOWARD B.,	C.F., R.N.
MORGAN, GRIFFITH B.,	Capt., R.A.S.C.
PENTLAND, JAMES,	Sapper, R.E.
PERFECT, HERBERT M.,	Com'dr., R.N.
REID, JOHN,	Sergeant, R.I.F.
ROSE, JOSEPH A.,	P.O., R.N.
SHEARMAN, EDWARD,	P.O., R.N.
† SHIELLS, ARCH.,	Cadet, R.I.R.

LODGE 699, BALLYMACARRETT.

BOLTON, THOMAS,	Sergt., R.E.
GILMORE, DAVID,	Corporal, R.A.S.C.
McGUIGAN, ARTHUR,	Corpl. Fitter, R.G.A.

LODGE 719, LIMAVADY.

ALEXANDER, J. H.,	Corporal.
ARMSTRONG, H.,	Private.
† DOUGLAS, JAMES,	Lieut.
* DRENNAN, JAMES W.,	Captain.
GALBRAITH, S. H. E.,	Major.
† GIVEN, A. B.,	Sergeant.

* Killed, Missing or Died.   † Wounded or Gassed.

ROLL OF HONOUR.

LODGE 719, LIMAVADY—contd.

*HARRISON, S. D. H.,	Lieut.
KELLY, REV. D.,	Capt. C.F.
McELWEE, W. G.,	Private.
MACRORY, F. D. N.,	Lt.-Col.
RITTER, F. E.,	Captain.

LODGE 728, DUBLIN.

BOYTON, GODFREY,	Capt., R.A.F.
BRIDIN, W. E.,	Capt., R.I. Regt.
CROLY, T. H.,	Capt., R.A.M.C.
DEANE, EDWARD N.,	Capt., R.E.
DOWNER, FRANCIS E.,	Lieut., R.I.F.
FLEMING, FRED C.,	Capt., R.A.M.C.
FERRAR, BENJAMIN B.,	Capt., R.A.M.C.
FLYNN, ROBERT A.,	Capt., R.A.M.C.
FRASER, ARDRIC S.,	Lieut. Dorset Regt.
HARDY, W. A.,	Major, R.I.R.
HENDERSON, JOHN M.,	Capt., R.I.R.
HICKS, PHILIP M.,	Major, York Regt.
HILL, CHARLES F.,	Capt., Suffolk Regt.
KNOX, SAM WRIGHT,	Capt., R.I.R.
†KNOX, ROBERT K., M.C.,	Lieut., R.I.R.
LAMB, Rev. PERCY C. C.,	C.F.
†MURRAY, CYRIL A.,	Lieut., R.I.F.
MURRAY, HERBERT E.,	R.A.M.C.
†MURRAY, ROY V.,	Major, R.I.F.
PERDUE, Rev. JOHN G.,	C.F.
QUICK, H. T. W.,	Capt., Royal Berks.
RIDGWAY, JOSEPH C.,	Lieut., R.A.M.C.
SNOXELL, FRANK,	Lieut., Lancs. Regt.
STEWART, RICHD.,	Capt., R.A.M.C.
TILSTON, JOHN A.,	Lieut.
VILLIERS, STEWART A.,	Lieut., R.F.A.
†WHITE, EDWD. R. KNOX,	Lieut., R.I. Regt.
WHITE, GEO.,	Major, D.L.I.

* Killed, Missing or Died.   † Wounded or Gassed.

ROLL OF HONOUR.

LODGE 730, DUBLIN GARRISON.

ALLIN, E. E.	S.Q.M.S.
ALLISON, A. W.,	R.S.M.
ANDERSON, H.,	Lieut.
ANDERSON, W.,	S.S.M.
ARLOTT, M. J.,	Lieut.
BAIDEN, F. J. R., M.S.M.,	S.M.
BAILLIE, G. B.,	Captain.
BALL, H.	Captain.
BEATSON, J.,	
BENWELL, P. H.,	Sergeant.
BIRD, T. W.,	C.S.M.
*BIRD, J.,	A.S.S.
BOLTON, J. E.,	C.Q.M.S.
BOOTH, W.,	C.S.M.
BRADY, H. T.,	C.S.M.
BRADY, R. B.,	C.S.M.
BRADLEY, L.,	Bandmaster.
BRENT, W. E.,	S.S.M.
BRITTEN, C. A.,	C.P.O.
BROMAGE, W.,	Captain.
BROOKS, E. J.,	Sergeant.
BROWN, D. J.,	Lieut.
BUDD, E. K.,	Q.M.S.
BUNTING, H. S.,	S. Sergt.
BURRINGTON, G.,	Captain.
CADDY, T. H.,	R.S.M.
*CAMPBELL, W. A.	Sergeant.
CANE, J.,	S.S.M.
CAPON, E. T.,	C.S.M.
CARLETON, C. L. A.,	Captain.
CARRICK, J., D.C.M.,	C.S.M.
CHILCOTT, W. J.,	Captain.
CHISHOLM, W., M.S.M.,	S.S.M.
*CHURCH, F. J.,	Lieut.
CLACY, S. G.,	L. Corporal.
CLARKE, E. G.,	Sergeant.

*Killed, Missing or Died. †Wounded or Gassed.

ROLL OF HONOUR.

LODGE 730, DUBLIN GARRISON—contd.

CLEARY, T.,	S.S.M.
COLBOURNE, F. G.,	C.S.M.
COLLARD, F. F.,	W.O., R.N.
COLLIER, H.,	Sergeant.
CONNELL, D.,	Inspector of Telegraphs.
COOK, M. F.,	Sergeant.
COWELL, A.,	Sergeant.
CROW, J.,	Color Sergeant.
CRUDEN, J.,	Sergeant.
DALLEN, W. H.,	Q.M.S.
DAVIES, W. E.,	Corporal.
DAWES, P. G.,	Sergeant.
DAWES, H.,	Corporal.
DAY, W.,	P.O., R.N.
DAY, W. C.,	Corporal.
DEEBLE, A. P.	Artificer, R.N.
DOWDALL, A. R.,	Sergeant.
DOWNTON, W. G.,	Sergeant.
DOWN-WILLIAMS, W. H.,	C.Y. of S., R.N.
*DREW, H.,	Sergeant.
DUELL, W.,	G.S.M.
DUNPHY, D.,	Sergeant.
EARDLEY, A. W.,	Sergeant.
EDHOUSE, H.,	W.O., R.N.
ELSTON, J.,	Sergeant.
ELTHAM, A.,	Sergeant.
EMBELIN, B. A., D.C.M.,	S. Sergeant.
ENGLISH, A.,	C.O., Coastguards.
ENGLISH, W. H.,	Gunner.
FAGG, T. F.,	Conductor.
FAWCETT, A.,	Bandmaster.
FIELD, F. C.,	S.S.M.
FITZGERALD, C.,	C.S.M.
FLEET, E.,	S.M.
FLEET, R.,	S.S.
FLETCHER, G. C.,	L. Corporal.

* Killed, Missing or Died. † Wounded or Gassed.

ROLL OF HONOUR.

LODGE 730, DUBLIN GARRISON—contd.

FLUX, S. J.,	Arm. Sergt.
FORBES, J. E.,	R.Q.M.S.
GIBBONS, H.,	P.O., R.N.
GIBBS, T.,	Sergeant.
GLOVER, A. H.,	S. Sergeant.
GREEN, A. J.,	Col. Sergt.
GUEST, A.,	Captain.
HALE, F. G.,	R.S.M.
HALES, W. C.,	Sapper.
HALL, L.,	Sergeant.
HANCOCK, A. D.,	Bandmaster.
HARRISON, R.,	R.S.M.
HAYCOCK, G.,	
HEMMINGS, J.,	S. Sergt.
HENDERSON, D.,	Corporal.
HEWETT, W. D.,	Artificer, R.N.
HILL, S.,	Artificer, R.N.
HILL, A.,	Sergeant.
HOLMAN, H.,	Sergeant.
HUGHES, R.,	S.M.
HURST, G. E.,	Corporal.
HURST, W. H.,	Expense Store Accountant
JACKSON, A. E. M.,	C.S.M.
JENNINGS, J. W.,	Artificer, R.N.
JOHNS, S. B.,	Captain.
† JONES, W. H.,	C.S.M.
KEARON, R. A.,	Lieut., Despatches.
KELLY, A. P.,	Lieut.
KEYS, E.,	R.S.M.
KILVINGTON, W.,	Conductor.
* LAKE, W.,	Sergeant.
LAMB, J.,	Q.M.S.
LANGRISH, E.,	Q.M.S.
LANIGAN, F. E.,	Artificer, R.N.
LAWS, H. W.,	Q.M.S.
LAWSON, J.,	Sergeant.

* Killed, Missing or Died.   † Wounded or Gassed.

ROLL OF HONOUR.

LODGE 730, DUBLIN GARRISON—contd.

LEACE, J.,	Q.M.S.
LEECH, S. E.,	R.S.M.
LEOPOLD, A.,	S.S.M.
LIDDY, A. T.,	Sergeant.
LONG, L. R.,	Conductor.
LORD, R. F.,	P.O., R.N.
LYNCH, G. F.,	R.Q.M.S.
McCANN, D.,	S.S.M.
* McCANN, F. J.,	Lieut.
McCLURE, T. G.,	Sergeant.
McCOURT, G.,	Captain.
* McCURDY, J.,	Sergeant.
McKEOWN, D.,	Sergeant.
McLEAN, G.,	Sergeant.
McQUADE, J. S.,	Lieut.
MACDONALD, D.,	P.O., R.N.
MACKAY, W.,	Army Schoolmaster.
MACNAMARA, J. C.,	Corporal.
MANLEY, G. H.,	Q.M.S.
MARQUAND, P. LE,	S.M.
MARSH, C. A.,	Sergeant.
MEES, B. F.,	C.W., R.N.
† METHERELL, H.,	Lieut.
MILLAR, L. S.,	C.Y. of S.
MILLETT, W.,	Bandmaster.
MISKIMMIN, J. H.,	R.S.M.
† MOBEY, A.,	R.S.M.
MORTIMER, J. E.,	S.S.
NEILD, C.,	Sergeant.
NOAKES, T. C.,	Q.M.S.
NORRIS, P. A., M.S.M.,	S.S.M.
NORTON, E. B.,	
OFFEN, H.,	Sergeant.
ORTON, T.,	R.S.M.
PACK, W. G.,	Sergeant.
PAINE, C. A.,	S. Sergeant.

* Killed, Missing or Died.   † Wounded or Gassed.

ROLL OF HONOUR.

LODGE 730, DUBLIN GARRISON—contd.

PALMER, A. C.,	
PENFOLD, W.,	Color Sergeant.
PEPPERELL, S.,	S. Sergeant.
PILLOW, C.,	R.S.M.
PRATT, J. W.,	C.P.O., R.N.
PRICE, T. R.,	Sergeant.
PRIESTLY, J.,	S.M.
PURCELL, J.,	W.O., R.N.
PURCHAS, F.,	Captain.
QUARRIER, C. E.,	Captain.
*RAINEY, W.	Lieut.
REDDING, A.,	C.S.M.
REEVES, C. W.,	Sergeant.
REID, G.,	E.S. Accountant.
ROBINET, C. H.,	Corporal.
ROBINSON, T. R.,	Captain.
ROWLAND, R. F., M.C.,	Lieut.
ROWNTREE, R. E.,	S.S.M.
RYDER, E., M.S.M.,	S.M.
SANDERS, F. W.,	S.Q.M.S.
SCRAFIELD, E. B.,	S.M.
SHAKESHAFT, W. E.,	C.P.O., R.N.
SHANNON, C. H.,	S.S.M.
SHEPHERD, F.,	Sergeant.
SHIELDS, T.,	S.M.
SHORROCK, J. W.,	S.S.M.
SHURLOCK, J. J.,	Sg. S.M.
SIEVWRIGHT, A. P.,	Sergeant.
SIMMONS, F. J.	C.S.M.
SIMMONS, G. W.,	P.O., R.N.
SIMPSON, C. G.,	S.S.M.
SKINNER, F.,	Captain.
SMITH, A. O.,	Bandmaster.
SMITH, H. Y.,	
SMITH, E.,	Captain.
SMITH, G. A.,	S. Sergt.

* Killed, Missing or Died. † Wounded or Gassed.

ROLL OF HONOUR.

LODGE 730, DUBLIN GARRISON—contd.

SMITH, R. A.,	Sergeant.
SMITH, E.,	Corporal.
SMITH, S. A.,	P.O., R.N.
SMITH, S., M.M.,	Sergeant.
*SMITH, R.,	S.S.M.
SMITH, T.,	Sergeant.
SNELL, A.,	
SOUTHAM, A. T.,	C.S.M.
SOUTHBY, F. E. T.,	S. Sergeant.
SPOONER, F. A.,	Sergeant.
SPRING, G. R.,	Captain.
STEVENSON, J. W.,	Q.M.S.
STROWGER, L.,	W.O., R.N.
*SUTHERLAND, W.,	W.O., R.N.
SWITHENBANK, G.,	Sergeant.
TATLOW, S. A.,	Q.M.S.
TAYLOR, F. G.,	Q.M.S.
TECTOR, W.,	S.S.
THOMAS, E. J.,	Lieut.
THOMPSON, H. E.,	
THURLING, F.,	S.M.
THURSTON, A. G. S.,	Q.M.S.
TILBURY, E. J.,	Captain.
TILBY, R. J.,	S.M.
TIMMINS, W. E. C.,	Sergeant.
TREVATT, G.,	P.O., R.N.
TREVENA, W.,	S.S.M.
TRIBILCOCK, W.,	W.O., R.N.
TROWBRIDGE, T.,	R.Q.M.S.
TYNDALL, C. W.,	Corporal.
VAUGHAN, H.,	Sergeant.
VERNER, W. H.,	Lieut.
WADE, W. H.,	Despatches.
WALL, F. W.,	Sergeant.
WALTERS, C. J.,	Sergeant.
WATERS, G. D.,	2nd Lieut.

*Killed, Missing or Died.   †Wounded or Gassed.

ROLL OF HONOUR.

LODGE 730, DUBLIN GARRISON—contd.

*WATKINS, A. W.,	S.M.
WHALEN, F. A.,	S.M.
WHIFFEN, T. F.,	Sergt. Instr.
WHITE, L. E.,	Schoolmaster.
WHITE, G. H.,	Captain.
WHITTAKER, F.,	Lieut.
WHITTLE, F.,	L. Corporal.
†WILKINSON, J. A., D.C.M.,	C.S.M.
WILSON, H.,	S.M.
WILSON, W. H.,	Sergeant.
WINSBOROUGH, W.,	Sergeant.
WOOD, A. H.,	Sergeant.
WOODROFFE, J. H.,	Q.M.S.
WOODROFFE, JOHN H.,	Q.M.S.
WOODS, R.,	Sergeant.
WRAY, W.,	Lieut.
WRIGHT, T.,	S.M.
WYNNE, J.,	Sergeant.

LODGE 746, BANGOR.

AGNEW, JOHN,	C.Q.M.S., R.I.R.
BOWMAN, ROBT. M.,	M.D., R.N.
CLELAND, JOHN,	Q.M.S., R.I.R.
DAVIDSON, ALEX.,	R.A.M.C.
GRAY, DAVID,	Capt, R.I.R.
HAMMOND, GEORGE,	Sub-Conductor, R.A.O.C.
KEENAN, WM. H.,	Capt., M.G.C.
McCORMICK, HUGH,	Lieut., M.G.C.
McCREADIE, ROBT.,	R.A.S.C., M.T.
*McMILLAN, ROBT. J.,	Private, Australians.
NESBITT, ROBT.,	Sergeant.

* Killed, Missing or Died.   † Wounded or Gassed.

ROLL OF HONOUR.

LODGE 746, BANGOR—contd.

POLLOCK, CLIFFORD,	Lieut., R.I.F.
REA, SAMUEL P.,	Capt., R.A.M.C.
*SCOTT, DAVID H., M.C.,	Lieut., R.A.F.
TAIT, CHARLES,	Coastguard, R.N.R.
WOOD, JAMES,	Coastguard, R.N.R.

LODGE 748, WICKLOW.

BLACK, JAMES,	Major, R.A.S.C.
CORNWALL, JOHN R.,	Wireless Oper., R.N.R.
GROWSE, REGD. R.,	Capt., R.N.
KENT, JOHN M.,	Lient., Canadians.
†KENT, ANTHONY,	Lieut., R.D.F.
SPEARS, JOHN,	Capt., R.A.M.C.
TAYLOR, WENTWORTH,	Capt., R.A.M.C.

LODGE 754, COLERAINE.

ACHESON, R. W., M.B.,	R.A.M.C.
CALLAGHAN, H. E.,	2nd Lieut., R.I.R.
CLARKE, J. H.,	Wireless Oper., R.A.F.
EVANS, W. T.,	Capt., R.A.M.C.
HUNTER, F. J.,	Sergt., R.I.F.
HUNTER, R. S.,	Driver, R.A.S.C.
KEYS, WALTER,	C.D.S., R.A.M.C.
KNOX, ROBT. S., D.S.O.,	Lieut. Col., R.I.F.
†SHANNON, JOSEPH W.,	Lieut., R.I.F.
SHANNON, A. G. McI.,	Corporal, Canadians.
McFARLANE, T. D.,	Air Mech., R.A.F.
*WILLIS, SAMUEL, B.A.,	Capt., R.I.R.

* Killed, Missing or Died.   † Wounded or Gassed.

ROLL OF HONOUR.

LODGE 775, BALLYMENA.

BARR, JAMES,	Lce.-Corpl., R.I.R.
CARROLL, THOMAS A.,	Corporal.
DOUGLAS, WALTER,	Private, American E.F.
HENRY, SAMUEL,	Sergt., R.I.R.
KERR, THOMAS,	S.M., R.A.M.C.
KINNEAR, ROBT. McA.,	M.G.C.
McILWAIN, ALEX.,	P.O., R.N.
McNEICE, ALEX.,	W.O., R.N.
MEWHIRTER, WM. H. W.,	Capt., R.A.M.C.
NESBITT, ROBERT,	R.I.R.
RODGERS, G. A. H.,	R.A.M.C.
SLOAN, WESLEY,	Eng., R.N.R.
STEVENSON, GEORGE,	Scots Greys.

LODGE 783, DUNMURRY.

BLACKBURN, REV. T. H.,	Captain. C.F.
CHARLEY, ARTH. F.,	Capt., R.I.R.
FINLAY, DAVID H.,	Sergt., R. Innis. Fus.
GAUSSEN, DAVID P.,	Lieut., R.A.M.C.
GICK, HERBERT E.,	Paymaster, R.N.
LECKEY, HAMILTON,	Sergt., R.E.
† McANALLY, WM. J.,	Cook, R.N.
ROBERTS, WILLIAM,	R.Q.M.S., R.I.R.

LODGE 789, TARTARAGHAN.

ALLEN, GEORGE,	Driver, R.I.F.
ALLEN, BENJAMIN,	Bombardier, R.G.A.
DAVISON, THOMAS,	Sergt., R.A.M.C.
DAVISON, JAMES,	A.S.S., R.A.S.C.
DUKE, THOMAS,	Sergt., R.A.M.C.

* Killed, Missing or Died.   † Wounded or Gassed.

ROLL OF HONOUR.

LODGE 789, TARTARAGHAN—contd.

* FAIRLEY, ERNEST,	Capt., London Irish.
GREGORY, JOHN G.,	Gunner, R.F.A.
* MATCHETT, JOHN,	Sergt., N.Z.
† ODGERS, ROBERT,	Sergt., R.A.M.C.
ROBINSON, WILSON,	Driver, Canadians.
SYMINGTON, JOHN,	Lieut., R.A.F.

LODGE 794, NEWBLISS.

† GREER, J. A.,	S.M., Canadians.
IRWIN, F. J. MURRAY,	Major, R. Innis. Fus.
† KELLY, E.,	Sergt., M.G.C.
KNAGGS, R. W., M.M.,	Corporal, R. Innis. Fus.
O'CONNOR, REV. J.,	Capt., C.F.

LODGE 795, COOTEHILL.

CLEMENTS, S. U. L.,	Captain.
MOFFATT, DAVID, M.M.,	S.M., R.A.M.C.

LODGE 796, BAILIEBOROUGH.

† KENNEDY, ALFRED J.,	Lce.-Corpl., R.I.F.
† KINCAID, ROBERT,	R.I. Regt.
MONTGOMERY, GEO.,	R.A.M.C.
NIXON, ROBERT,	Lieut., R.D.F.
WHITE, HERBERT O.,	Lce.-Corpl., S.I.H.

* Killed, Missing or Died.   † Wounded or Gassed.

ROLL OF HONOUR.

LODGE 799, CASTLEDERG.

DAVIDSON, ALBERT,	Lieut., R.I.F.
DAVIDSON, FRED. WM.,	Lieut., R. Innis Fus.
† DAVIDSON, JOHN H.,	Lieut., R.I.R.
DOONAN, FRED. J., M.M.,	Corporal, R. Innis. Fus.
DUNCAN, FRED.,	
† KELLY, WILLIAM,	Capt., R. Innis. Fus.
LEARY, G. F. V.,	Major, R.A.M.C.
SCOTT, WILLIAM,	Sergeant, Canadians.
* VERNER, JOHN,	South African Force.
* VERNER, JAMES H.,	Capt., R. Innis. Fus.

LODGE 811, LISBURN.

CORKIN, WM. J.,	Telegraphist, R.N.
CURRAN, JOHN,	Sergeant.
DAVIDSON, ROBT. H.,	S.S.M.
LARKIN, PHILIP,	Sergeant.
McCLUNE, WILLIAM J.,	Sergeant.
* MOORE, ADAM, M.M.,	Private.
REDDOCK, THOS.,	F. Sergt., R.F.C.
WRIGHT, WILLIAM,	Private.

LODGE 819, EDERNEY.

BRYAN, Rev. R. B., M.D., M.A.,	Capt., A.M.C.
† EVANS, HENRY O.,	Lieut., London Regt.
HALL, WM. JOHN,	Lieut., S.I.H.
INGRAM, HERBERT J.,	Sergeant, Canadians.
IRVINE, GERARD M. F.,	R. Innis. Fus.
† IRVINE, JOHN A.,	Lieut., R.I.F.
* IRVINE, S. C. E.,	Capt., W. African F.

* Killed, Missing or Died. † Wounded or Gassed.

ROLL OF HONOUR.

LODGE 819, EDERNEY—contd.

JOHNSTON, CHAS. A.,	Sergeant, Australians.
KERR, ALBERT C.,	S.A. Contg.
† LAW, ROBERT M.,	Corporal, N.I.H.
MAGOVERN, SAML. R.,	Sergeant.
† MORRIS, Rev. WM. F., B.A.,	C.F.
STACK, Rev. WM. H., M.A.,	C.F.

LODGE 854, CARRICK-ON-SHANNON.

CHURCH, CAIRNE C.,	R.E.
JONES, GEOFFREY,	O.T.C.
* PARKE, WILLIAM H.,	Captain, C.R.
* QUAILE, ROBT. E. B.,	Lieut., R. Inns. Fus.

LODGE 877, ARKLOW.

BUDDEN, JOHN G.,	W.O., R.N.
COSTER, REV. P. W.,	C.F.
DOLAN, JAMES,	K.E.H.
HEATH, WM. A.,	Eng., R.N.
McCULLAGH, JOHN T.,	Major, R.A.M.C.

LODGE 881, CLONES.

† DOUPE, FREDERICK,	Private, Canadians.
* HAYES, JAMES,	Private, Canadians.
McCOY, RICHARD H.,	Lieut., R.A.S.C.
† MORROW, LOUIS H.,	Private, R.F.
NAPIER, ROBERT J.,	
THOMPSON, JAMES,	Private, Canadians.
WILSON, HERBERT,	S.S., R.A.S.C.

* Killed, Missing or Died.   † Wounded or Gassed.

ROLL OF HONOUR.

LODGE 888, MARKETHILL.

ERSKINE, WM.,	C.S.M., R.I.R.
MARSHALL, GILBERT,	Lieut., R.A.M.C.
McCONNELL, REV. W. G.,	Capt., C.F.

LODGE 891, ENNISKILLEN.

CULLEN, H. C. R.,	Lieut., R.A.S.C.
† GORDON, HERBT. C., M.C.,	Capt., R. Innis. F.
NIXON, WM. G.,	Major, R. Innis. F.
STEWART, JAMES B.,	Lieut., R.A.S.C.

LODGE 935, WEXFORD.

CLIFFORD, FRAS. D.,	Sergt., I. of M.
DAVIES, SIDNEY T.,	2nd Lieut., R.W.F.
* HADDEN, HENRY H., M.D.,	Capt., R.A.M.C.
HAWKES-CORNOCK, J.,	Capt., R. Innis. F.
JONES, GRUFFYDD A. G.,	2nd Lieut., R.A.M.C.
MARTIN, RICHD.,	Surgeon, R.N.

* Killed, Missing or Died.   † Wounded or Gassed.

ROLL OF HONOUR.

LODGE 1000, NEWTOWNARDS—contd.

MADDOCK, R. D.,	Sapper, R.E.
MADDOCK, THOMAS, Junr.,	Sapper, R.E.
MORRISON, HENRY,	Sergt., R.I.R.
MURPHY, JOHN A.,	Sergt., R.I.R.
ORR, DAVID,	Private, American Army.
PATTERSON, WM. J.,	S.M., R.I.R.
REDFERN, CHAS. R.,	C.S.M., R.I.R.
REDMOND, ALEX.,	Private, Canadians.
REID, JOSEPH,	Acting Mate, R.N.
ROBERTS, GEORGE,	R.S.M., R.I.R.
† SANFORD, WALTER,	Seaman, R.N.
SHEPPARD, FRED. H.,	R.S.M., R.I.R.
THOMPSON, JAMES,	Private, Australians.
THWAITES, CHAS. D.,	R.Q.M.S., R.I.F.
WILSON, WM.,	Sapper, R.E.
YOUNG, ROBERT,	Capt., Canadians.

LODGE 1008, PORTRUSH.

† BASER, CHARLES,	Pioneer, R.E.
CASKEY, THOMAS,	Corporal, N.I.H.
CHUBB, SEYMOUR V.,	Sergt., R.F.C.
CHUBB, JAMES ED. V.,	Lieut., R.S.
CHUBB, CLIFFORD S.,	Lieut., R.G.A.
FLEMING, SAMUEL,	Capt., R.E.
HUNTER, JAMES D.,	Private, R.I.R.
LONG, GEORGE B.,	Capt., R.D.F.
† McCULLOCH, W. J.,	Lieut., R. Innis. Fus.
† McNEILL, SAMUEL,	C.P.O., R.N.
* PEPPER, ROBERT F.,	Lieut., R.I.F.
STEWART, ANDREW,	S.S.M., R.A.S.C., M.T.

* Killed, Missing or Died.   † Wounded or Gassed.

ROLL OF HONOUR.

LODGE 978, BALLYLESSON.

BAKER, JOHN,	Private, R.E.
†McDEVITT, JOHN,	Private, Canadians.
THOMPSON, JOHN,	Capt., R.I.R.

LODGE 1000, NEWTOWNARDS.

† AICKEN, ALEX.,	Sergt., R.A.S.C.
ALGIE, JAMES,	R.S.M., R.F.A.
† AMBERSON, WM.,	Sergt., R.I.R.
ANDERSON, WM. J.,	Private, R.I.R.
† ANDERSON, H. C. O.,	Private, R.I.R.
ANDERSON, JOHN,	Seaman, R.N.
CARSE, JAMES,	Private, Canadians.
CARSE, THOMAS,	Private, Canadians.
COLBY, EDWARD,	Sergt., R.I.R.
COWDEN, SAML. H.,	S.M., R.I.R.
DORMAN, JOHN,	Corporal, Canadians.
EDGAR, SAMUEL,	Sergt., R.I.R.
GIBSON, WM.,	Private, Australians.
GRIFFITHS, JAMES,	C.S.M., R.I.R.
HERON, ANDREW,	Sergt., R.I.R.
HERON, SAMUEL,	Lce.-Corpl., R.I.R.
HOARE, WALTER C.,	Lieut., R.I.R.
† KENNAIRD, ROBT.,	Corporal, Canadians.
† KENNAIRD, HUGH,	Corporal, R.I.R.
KENNEDY, JAMES D.,	Private, Canadians.
† McCAULEY, J.,	C.S.M., K.O.S.B.
McCORMICK, WM. J.,	Private, R.A.F.
† McLEAN, JAS. N.,	Private, R.E.
† McLEAN, PETER,	Corporal, Canadians.

* Killed, Missing or Died.   † Wounded or Gassed.

ROLL OF HONOUR.

LODGE 1009, SEAFORDE.

† BROWNE, ROBERT,
† CONNOR, WALTER,
  DONNAN, WILLIAM,
  FORDE, WM. GEORGE,   Major.
  GIBSON, ROBERT,
  GRAHAM, ALBERT,
† McCLEAN, THOMAS,

* Killed, Missing or Died.   † Wounded or Gassed.

Printed by
GEORGE F. HEALY & CO., LTD.,
23 Lower Ormond Quay,
DUBLIN.

Lightning Source UK Ltd.
Milton Keynes UK
UKOW06f2317280915

259446UK00001B/27/P